Die pluralen Gremien der Landesmedienanstalten
und der ALM in der Governance-Perspektive

D1719159

Die pluralen Gremien der Landesmedienanstalten und der ALM in der Governance-Perspektive

Gutachten im Auftrag
der Gremienvorsitzendenkonferenz der Landesmedienanstalten (GVK)

von
Patrick Donges

Bibliografische Information der Deutschen Nationalbibliothek
Die Deutsche Nationalbibliothek verzeichnet diese Publikation in der
Deutschen Nationalbibliografie; detaillierte bibliografische Daten
sind im Internet über http://dnb.d-nb.de abrufbar.

Herausgeber

der Schriftenreihe der Landesmedienanstalten:
Arbeitsgemeinschaft der Landesmedienanstalten
in der Bundesrepublik Deutschland (ALM)
Gemeinsame Geschäftsstelle
Friedrichstraße 60
10117 Berlin

Verlag

VISTAS Verlag GmbH
Goltzstraße 11
10781 Berlin
Tel.: 030/32 70 74 46
Fax: 030/32 70 74 55
E-Mail: medienverlag@vistas.de
Internet: www.vistas.de

Copyright © 2011 by VISTAS Verlag, Berlin
Alle Rechte vorbehalten
ISSN 0947-4536
ISBN 978-3-89158-541-2

Umschlaggestaltung: Pulsmacher, Ludwigsburg
Satz und Layout: Schriftsetzerei – Karsten Lange, Berlin
Druck: Bosch-Druck, Landshut
Produktion: VISTAS media production, Berlin

Inhalt

Geleitwort

„Rundfunk als lineares Medium war gestern, multivariante Medienkommunikation tritt mehr und mehr an seine Stelle" – so könnte man den vor allen Dingen technologiegetriebenen Rahmen beschreiben, in dem sich Rundfunkpolitik in Deutschland abspielt.

Verliert ein Regelungsgegenstand seine festgefügten Konturen, so kann dies nicht ohne Auswirkungen auf das System sein, das sich regulativ mit diesen Themen auseinanderzusetzen hat. Dies gilt insbesondere auch für die pluralen Gremien, die unsere bisherige Rundfunkordnung als wesentlichen Teil der Rundfunkregulierung im dualen deutschen Rundfunksystem vorsieht. Je schneller sich ein Umfeld verändert, umso wichtiger wird es, die eigene Position klar zu definieren.

Vor diesem Hintergrund hat die Gremienvorsitzendenkonferenz der Arbeitsgemeinschaft der Landesmedienanstalten (GVK der ALM) den Medienwissenschaftler Professor Patrick Donges gebeten, die gegenwärtige Rolle der pluralen Gremien der Landesmedienanstalten und der ALM im Rahmen einer Media-Governance-Perspektive zu beschreiben und zu analysieren.

Sein Gutachten wollen wir mit dieser Schrift dem interessierten Fachpublikum in Politik, Rundfunkwirtschaft und Wissenschaft präsentieren. Das Gutachten gibt die Sicht und Meinung des Gutachters wieder. Die Mitglieder der GVK sehen in ihm eine wichtige Basis für eine darauf aufsetzende Diskussion der eigenen Rollenbestimmung. Dies schließt in Einzelpunkten durchaus abweichende Bewertungen ein – eine selbstverständliche Konsequenz aus der Unabhängigkeit des Gutachters und der Zielorientierung der Diskussionen beim Auftraggeber.

Wo liegen nun nach einer ersten Auseinandersetzung mit dem Gutachten die Punkte, in denen sich die Sichtweise des Gutachters und der GVK unterscheiden, und welches sind die Punkte des Gutachtens, die die GVK für ihre eigenen Positionen als zentrale Argumente einsetzt?

– Deskription greift häufig primär die äußere Form ab. Der Verlust an Einfluss der Gremienvorsitzendenkonferenz, den der Gutachter auf Seite 13 feststellt, ist verglichen mit den bisherigen dezentralen Regelungen bei den einzelnen Landesmedienanstalten sicher nicht falsch beobachtet, greift nach Auffassung der GVK den Wandel beim rundfunkpolitischen Handlungsbedarf aber nicht in hinreichender Art und Weise auf. Die bei der Einrichtung der Landesrundfunkanstalten in den Ländern vor einem Vierteljahrhundert noch zentrale Entscheidungsfrage bei der Zuweisung knapper Frequenzen ist in der digitalen Senderwelt eher zu einer Nebenfrage geworden. In den Vordergrund haben sich bei der Vielfalt der Programme dagegen Fragen der Programmqualität bzw. die ethischen Grenzen des im Programm Machbaren bzw. Vorfindlichen geschoben. Darüber hinaus rücken neue Felder in die Aufgabenbereiche der Gremien wie z. B. Medienkompetenz.

Diese damit entstehende allgemeinpolitische Fragestellung ist aber auf die GVK als plurales Gremium geradezu zugeschnitten. Ethische Fragen und Programmfragen sind für die Regelungen in hierarchisch-zentralistischen Entscheidungssystemen nicht zugänglich. Hier kann und muss am politischen Diskurs angesetzt werden, an der Pluralität der Meinungen und Interessenlagen. Diese wird im gegenwärtigen System der Media Governance aber in erster Linie von den pluralen Gremien bei den Landesmedienanstalten und der Gremienvorsitzendenkonferenz bei der ALM abgedeckt. Die GVK sieht deshalb in der aktuellen Entwicklung de facto eine Stärkung ihrer Handlungsmöglichkeiten unabhängig von der Verschiebung der Kompetenzen im Zusammenhang mit der Anwendung von Zuweisungsregelungen.

– Dies bedeutet allerdings nicht, dass die GVK den Verlust an Regelungskompetenz durch die Verlagerung von Entscheidungszuständigkeiten von der Länderebene auf die Kommission für Zulassung und Aufsicht (ZAK) als gemeinsame Einrichtung aller Landesmedienanstalten nicht sieht. Hier besteht durchaus noch Diskussionsbedarf, inwieweit in die Entscheidungsprozesse der ZAK nicht zumindest auch die Meinungsbildung innerhalb der pluralen Gremien in den betroffenen Landesmedienanstalten einzubeziehen ist.

– Die GVK greift die vom Gutachter in seinen Schlusssätzen formulierte Aufforderung auf, den durch den 10. Rundfunkänderungsstaatsvertrag eingetretenen formalen Bedeutungsverlust durch eine Neudefinition ihrer aktiven und initiativen Rolle in der so entstandenen Governance-Struktur zu definieren. Die GVK wird dies selbstbewusst und im Bewusstsein ihrer Verantwortung für das duale System der Rundfunkordnung tun.

– Die GVK versteht die Definition ihrer eigenen Rolle und Funktion aber nicht nur als Ausfluss des Regelungssystems für den privaten Rundfunk, sondern insbesondere im Kontext des dualen Rundfunksystems. Weder sind die Fragen der Programmqualität und der ethischen Grenzen der damit verbundenen Programmaussagen allein auf den privaten Rundfunk zu begrenzen – sie gelten ebenso für den öffentlich-rechtlichen Rundfunk –, noch stellen sich die Herausforderungen aus der technologischen Entwicklung im Kommunikationssektor allein für den privaten oder den öffentlich-rechtlichen Sektor, sondern für das duale System insgesamt. Die GVK hat deshalb mit großem Interesse und Sympathie die Stärkung der Rolle der Rundfunkräte und des Fernsehausschusses bei ARD und ZDF beobachtet. Die durch die Einführung des Drei-Stufen-Tests im öffentlich-rechtlichen Rundfunk verstärkte eigenständige Rolle des Rundfunkrats im öffentlich-rechtlichen Rundfunk korrespondiert positiv mit der eigenen Rollensicht der GVK.

Die Frage nach dem Rollenselbstverständnis der GVK ist allerdings nicht nur eine nach außen in den politischen Raum, zur Rundfunkpolitik der Länder oder zu den Gremien der öffentlich-rechtlichen Rundfunkanstalten gerichtete Frage, sondern auch eine Frage, die sich nach innen richtet. Sie betrifft auch das Verhältnis zwischen den pluralen Gremien und den hauptamtlichen Organen und Verwaltungen der Landesmedienanstalten und deren Arbeitsgemeinschaft. Hier gilt es, das partnerschaftliche Verhältnis im Sinne einer Stärkung der Arbeit der Landesmedienanstalten und ihrer Zusammenschlüsse fortzuentwickeln.

Wenn das Gutachten und dieses Geleitwort dazu bei den Lesern Zustimmung, Widerspruch oder zweifelnde Fragen auslösen, so ist dies gewollt. Gewollt ist aber auch, dass uns diese Reaktionen zugänglich gemacht werden. Scheuen Sie sich deshalb bitte nicht, Ihre Auffassung der GVK mitzuteilen. So entsteht eine konstruktive, die weitere Entwicklung positiv beeinflussende Diskussion. Hierfür bedanken wir uns bereits heute.

Im Namen der Gremienvorsitzendenkonferenz der Landesmedienanstalten

Dr. Hartmut Richter
Vorsitzender

1 Einleitung

Mit dem im September 2008 in Kraft getretenen 10. Rundfunkänderungs-staatsvertrag wurde die Struktur der Aufsicht über den privaten Rundfunk in Deutschland und der Arbeitsgemeinschaft der Landesmedienanstalten (ALM) neu geordnet. Vor dem Hintergrund der bereits seit längerem ge-führten Diskussion, einzelne bis alle Aufgaben der Landesmedienanstalten zentral und bundesweit in einer Medienanstalt der Länder oder Länder-medienanstalt zu bündeln (vgl. u. a. Holznagel/Krone/Jungfleisch 2004), entschieden sich die Länder für einen Kompromiss. Die neue Aufsichts-struktur über den privaten Rundfunk in Deutschland hält auf der einen Seite an dem Prinzip fest, dass auch für bundesweit empfangbare private Fernsehprogramme einzelne Landesmedienanstalten Zulassungs- und Auf-sichtsfunktionen wahrnehmen. Auf der anderen Seite benennt der Rund-funkstaatsvertrag (RStV) nunmehr vier Organe, die in Fragen von bundes-weiter Bedeutung der jeweils zuständigen Landesmedienanstalt bei der Erfüllung ihrer Aufgaben dienen:

1. die Kommission für Zulassung und Aufsicht (ZAK),
2. die Kommission zur Ermittlung der Konzentration im Medienbereich (KEK),
3. die Kommission für Jugendmedienschutz (KJM) sowie
4. die Gremienvorsitzendenkonferenz (GVK).

Die *Kommission für Zulassung und Aufsicht (ZAK)* wurde durch den 10. Rundfunkänderungsstaatsvertrag neu gebildet. Sie setzt sich aus den gesetzlichen Vertretern (d. h. den Direktoren oder Präsidenten) der 14 Lan-desmedienanstalten zusammen. Die ZAK ist nach dem Rundfunkstaats-vertrag unter anderem zuständig für die Zulassung, die Rücknahme oder den Widerruf der Zulassung bundesweiter Veranstalter, die Zuweisung von Übertragungskapazitäten, die Aufsicht über Plattformen und Aufsichtsmaß-nahmen gegenüber privaten bundesweiten Veranstaltern (§ 36 Abs. 2 RStV). Sie nutzt zur Erfüllung ihrer Aufgaben die Dienste zweier Beauftragter, des Beauftragten für Programm und Werbung (BPW) sowie des Beauftragten für Plattformregulierung und Digitalen Zugang (BPDZ). Modifiziert wurde durch den 10. Rundfunkänderungsstaatsvertrag die im Mai 1997 gegründete *Kommission zur Ermittlung der Konzentration im Medienbereich (KEK)*. Diese bestand zuvor aus sechs unabhängigen und weisungsfreien Sachverständigen des Rundfunk- und des Wirtschaftsrechts, die von den Ministerpräsidenten der Länder für die Dauer von fünf Jahren einvernehmlich berufen wurden. Zu diesen sechs Sachverständigen kommen neu sechs nach Landesrecht bestimmte gesetzliche Vertreter der Landesmedienanstalten hinzu, d. h. in der Regel die Direktoren oder Präsidenten. Die KEK ist unter anderem zuständig für die abschließende Beurteilung von Fragestellungen der Sicherung von Meinungsvielfalt im Zusammenhang mit der bundesweiten Veranstaltung von Fernsehprogrammen (§ 36 Abs. 4 RStV).

Die *Kommission für Jugendmedienschutz (KJM)* übt seit In-Kraft-Treten des Jugendmedienschutzstaatsvertrages im April 2003 Aufsichtsfunktionen über den privaten Rundfunk und Telemedien aus. Die KJM ist beispielsweise zuständig für die Überwachung der Bestimmungen des Jugendmedienschutz-Staatsvertrages, und die Anerkennung von Einrichtungen der Freiwilligen Selbstkontrolle sowie von Jugendschutzprogrammen (§ 16 JMStV). Ferner kann sie bei Indizierungsanträgen bei der Bundesprüfstelle für jugendgefährdende Medien und für Anträge bei der Bundesprüfstelle auf Indizierung Stellung nehmen. Die Kommission besteht aus zwölf Mitgliedern: Sechs Mitgliedern aus dem Kreis der Direktoren der Landesmedienanstalten, die von den Landesmedienanstalten im Einvernehmen benannt werden, vier Mitgliedern von den für den Jugendschutz zuständigen obersten Landesbehörden sowie zwei Mitgliedern von der für den Jugendschutz zuständigen obersten Bundesbehörde. Die KJM versteht sich nach eigener Darstellung nicht nur als Aufsichtsinstanz, sondern will auch gesellschaftspolitische Prozesse anstoßen.

Damit sind drei der vier im Rundfunkstaatsvertrag benannten Organe, die in rundfunkpolitischen Fragen von bundesweiter Bedeutung relevant sind, ganz (ZAK) bzw. zur Hälfte (KEK, KJM) von den Direktoren bzw. Präsidenten der Landesmedienanstalten besetzt. Der *Gremienvorsitzendenkonferenz (GVK)* als Organ der Vertreterinnen und Vertreter der plural besetzten Beschlussgremien der Landesmedienanstalten wird im Rundfunkstaatsvertrag die Aufgabe zugewiesen, Auswahlentscheidungen bei den Zuweisungen von Übertragungskapazitäten und die Entscheidung über die Belegung von Plattformen zu treffen (§ 36 Abs. 3 RStV). Damit wird die

GVK im Rundfunkstaatsvertrag als Organ von bundesweiter Bedeutung und mit eigenen Zuständigkeiten anerkannt. Ihr Stellenwert ist jedoch vor dem Hintergrund der Aufgaben zu betrachten, welche die Mediengesetze der Länder den Gremien der Landesmedienanstalten zuweisen. Beispielsweise nimmt der Medienrat der Landesanstalt für Kommunikation (LFK) in Baden-Württemberg „insbesondere Aufgaben zur Gewährleistung der Meinungsvielfalt und des Schutzes von Kindern und Jugendlichen im Bereich des Rundfunks wahr" (§ 42 (1) LMedienG). Der Medienrat der Bayerischen Landeszentrale für Neue Medien (BLM) übernimmt generell die Aufgaben der Landeszentrale, „soweit nicht der Verwaltungsrat oder der Präsident selbständig entscheiden". Er „wahrt die Interessen der Allgemeinheit, sorgt für Ausgewogenheit und Meinungsvielfalt und überwacht die Einhaltung der Programmgrundsätze" (Art. 12 (1), (2) BayMG). Verglichen mit diesen Aufgabenkatalogen lassen sich die Zuständigkeiten der GVK für Fragen von bundesweiter Bedeutung als Verlust an Mitwirkungsmöglichkeiten interpretieren.

Vor diesem Hintergrund stellt das vorliegende Gutachten die Frage nach der zukünftigen Rolle der Gremienvorsitzendenkonferenz und ihren Aufgaben angesichts der mit dem 10. Rundfunkänderungsstaatsvertrag eingeleiteten Verschiebung von Aufgaben der Landesmedienanstalten an bundesweit tätige Organe. Von Interesse seitens der Auftraggeberin, der GVK, sind deren horizontale Beziehungen zur Direktorenkonferenz der Landesmedienanstalten (DLM) und zur neu gebildeten Kommission für Zulassung und Aufsicht (ZAK) sowie die vertikalen Beziehungen der GVK zu den pluralen Gremien der einzelnen Landesmedienanstalten. Ferner wurde seitens der Auftraggeberin das Ziel formuliert, aus einer sozialwissenschaftlichen Analyse dieser Fragen heraus Handlungsempfehlungen zuhanden der GVK abzuleiten.[1]

Den theoretischen Hintergrund des Gutachtens bildet die sog. Governance-Perspektive. Der Begriff „Governance" hat in den vergangenen Jahren in der Wissenschaft wie auch in der Politik einen rasanten Aufstieg erlebt[2] und ist durch den Begriff einer „Media Governance" auch auf den Bereich

---

1 Ein Zwischenbericht dieses Gutachtens wurde der Auftraggeberin im November 2009 eingereicht und im Rahmen der Sitzung der Gremienvorsitzendenkonferenz am 5. Februar 2010 in Berlin präsentiert. Die Ergebnisse der anschließenden Diskussion sind in das Gutachten eingeflossen.
2 Vgl. u. a. die Beiträge in den Sammelbänden Benz (Hrsg.) 2004; Benz et al. (Hrsg.) 2007; Lange/Schimank (Hrsg.) 2004; Schuppert (Hrsg.) 2005; Schuppert/Zürn (Hrsg.) 2008.

der Medien- und Rundfunkpolitik übertragen worden. Governance ist dabei als eine wissenschaftlich-analytische Perspektive zu verstehen, eine neue „Brille", welche sich die Wissenschaft aufsetzt, um bestimmte Veränderungen in der Gesellschaft oder hier im Bereich der Medienpolitik besser erfassen, in Worte fassen und erklären zu können. Das Gutachten verfolgt dabei eine sozialwissenschaftliche Perspektive. Eine rechtswissenschaftliche Würdigung des 10. Rundfunkänderungsstaatsvertrages und seiner Auswirkungen auf die pluralen Gremien der Landesmedienanstalten und der ALM wird daher nicht angestrebt.

Das Gutachten ist wie folgt aufgebaut: Im zweiten Abschnitt geht es zunächst darum, den Begriff Governance zu erläutern und als grundlegende Analyseperspektive einzuführen. Im dritten Abschnitt wird das so gewonnene Begriffsinstrumentarium genutzt, um die duale Rundfunkordnung in Deutschland zu beschreiben. Abschnitt 4 fokussiert dann auf die Gremienvorsitzendenkonferenz und ihre Position in der Governance-Struktur, die sowohl aus einer horizontalen (Verhältnis zu den Direktoren), vertikalen (Verhältnis zu den Gremien) wie auch diagonalen Perspektive (Verhältnis zu anderen Organisationen) beleuchtet wird. Abschnitt 5 fasst die Überlegungen dann in Handlungsempfehlungen zusammen.

2 Grundlagen der Governance-Perspektive

In einer allgemeinen Umschreibung meint Governance die *Mechanismen und Wirkungen der Handlungskoordinierung mehr oder weniger autonomer Akteure innerhalb bestimmter institutioneller Strukturen* (vgl. Trute/ Kühlers/Pilniok 2008: 14). Ausgangspunkt der Governance-Perspektive sind also Koordinations- und Abstimmungsprobleme zwischen Akteuren und die Frage, durch welche strukturellen Arrangements (sog. Regelungsstrukturen oder Governance-Mechanismen), diese dauerhaft gelöst werden können. Abstrakt lassen sich drei grundlegende Formen von Regelungsstrukturen unterscheiden: Konstellationen wechselseitiger Beobachtung, in denen sich die Akteure wahrnehmen und ihr Handeln aufeinander abstimmen können; Konstellationen wechselseitiger Beeinflussung, in denen Medien wie Macht, Geld, Wissen, Autorität etc. zur Handlungsabstimmung eingesetzt werden können; und schließlich Konstellationen wechselseitigen Verhandelns, in denen die Akteure bindende Absprachen eingehen können (vgl. Lange/Schimank 2004: 22). Mayntz/Scharpf unterscheiden drei grundlegende Formen von Verhandlungen in Regelungsstrukturen: Netzwerke (Koordination durch freiwillige Einigung), Polyarchie (Koordination durch Mehrheitsbeschlüsse) und Hierarchie (Koordination durch eine legitimierte Leitungsinstanz) (Mayntz/Scharpf 1995: 61–62).

Bezogen auf die Politik wird in der Literatur immer wieder auf eine Definition von Renate Mayntz verwiesen, wonach Governance umschrieben werden kann als „das *Gesamt aller nebeneinander bestehenden Formen der kollektiven Regelung gesellschaftlicher Sachverhalte:* von der institutionalisierten zivilgesellschaftlichen Selbstregelung über verschiedene Formen des Zusammenwirkens staatlicher und privater Akteure bis hin zu hoheitlichem Handeln staatlicher Akteure" (Mayntz 2005: 15). Diese Definition von Mayntz macht den Unterschied und den Mehrwert der Governance-Perspektive gegenüber einem traditionellen Verständnis von Politik deutlich, welches mit dem Begriff der Politik primär das hoheitliche Handeln (national-) staatlicher Akteure verbindet (im Sinne einer „Government-Perspektive").

Die Governance-Perspektive erweitert dieses Verständnis von Politik sowohl horizontal als auch vertikal (vgl. auch Abbildung 1): Horizontal integriert die Governance-Perspektive das klassische Verständnis von Politik als staatlich-hoheitliche Regulierung um den Einbezug privater Akteure in Form von Selbst- oder Co-Regulierung. Selbstregulierung meint dabei, dass private Akteure anstelle des Staates Regeln für die eigene Branche aufstellen, ihre Einhaltung durchsetzen und Regelverstöße sanktionieren. Co-Regulierung stellt eine Mischform dar, in der private Akteure gemeinsam („im Tandem") mit staatlichen Akteuren oder in deren Auftrag Regeln aufstellen, ihre Einhaltung durchsetzen und Regelverstöße sanktionieren (Puppis 2007: 59–61, vgl. auch Black 1996; Campbell 1999; Latzer et al. 2002). Im deutschen Sprachraum hat sich für Co-Regulierung auch der Begriff regulierte Selbstregulierung oder Selbstregelung durchgesetzt (vgl. Hoffmann-Riem 1996: 300–301; Hoffmann-Riem/Schulz/Held 2000; Schulz/Held 2002).

In der vertikalen Dimension berücksichtigt die Governance-Perspektive zweitens, dass Prozesse und Strukturen vormalige Grenzen von Staat und Gesellschaft überschreiten. Steuerung und Koordination vollziehen sich heute nicht mehr in Form eines Regierens im klassischen Sinn, sondern in Form komplex institutionalisierter Abstimmungsprozesse auf verschiedenen politischen Ebenen (Benz 2005; Benz 2007). Kern des Begriffs der Multilevel Governance ist dabei die „Tatsache, dass in einem institutionell differenzierten politischen System Akteure unterschiedlicher Ebenen aufeinander angewiesen sind und ihre Entscheidungen koordinieren müssen" (Benz 2007: 297). Dabei können die institutionellen Strukturen eines solchen Mehrebenensystems ebenso variieren wie die Modi der Politikkoordination, z. B. Anpassung, Verhandlung, Netzwerke, Wettbewerb oder hierarchische Steuerung. Insbesondere verweist die Governance-Perspektive darauf, dass „der Staat" kein einheitlicher Akteur (mehr) ist, sondern „ein differenziertes Geflecht nur teilweise hierarchisch miteinander verbundener Akteure" (Mayntz 2005: 15).

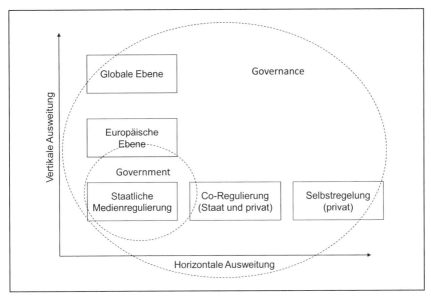

Abbildung 1: Governance als horizontale und vertikale Ausweitung von Regulierung
(Quelle: Puppis 2007: 62)

Die Governance-Perspektive erweitert den bisherigen Regulierungsbegriff nicht nur vertikal wie auch horizontal, sondern auch inhaltlich. Während der klassische Regulierungsbegriff auf Entscheidungen staatlicher Akteure fokussiert, nimmt die Governance-Perspektive die vielfältigen Kommunikationsformen zwischen staatlichen und privaten Akteuren in den Blick: den Austausch von Informationen und Standpunkten, die wechselseitige Argumentation, die Vereinbarung gemeinsamer Standards, etwa im Bereich der Selbst- und Co-Regulierung. Bereits die Thematisierung, das Aufzeigen von Problemen gehört zum politischen Prozess.

Wichtig ist schließlich, dass Regelungsstrukturen in der Governance-Perspektive wie erwähnt den Status von *Institutionen* einnehmen. Institutionen sind nach gängiger Lesart jene auf Dauer und von den Akteuren als legitim akzeptierten Regeln, die ein angemessenes oder auch legitimes Handeln für einzelne Rollenträger in bestimmten Handlungssituationen definieren (vgl. u. a. March/Olson 1984; Scott 2001). Das Verhältnis von institutionellen (Regelungs-) Strukturen und Handlungen kann damit nach Giddens als ein wechselseitiges angenommen werden: Strukturen ermöglichen und begrenzen soziales Handeln, und soziales Handeln wiederum produziert und reproduziert Ressourcen und Regeln. Für politisches Handeln heißt dies dreierlei:

1. Regelungsstrukturen sind die Basis politischen Handelns. Jede politische Handlung findet immer innerhalb bestehender Governance-Strukturen statt. Dies erklärt die Pfadabhängigkeit vieler politischer Entscheidungen: Man folgt Regeln, die man bereits kennt und die als legitim erachtet werden.
2. Regelungsstrukturen sind die Folge politischen Handelns. Governance-Strukturen werden durch politische Handlungen verändert, wenn auch nicht zwingend geplant.
3. Regelungsstrukturen sind das Ziel politischen Handelns. So kann der Aufbau und die Gestaltung von Governance-Strukturen, beispielsweise durch die Gründung von Organisationen oder die Verpflichtung, bestimmte Akteure in politische Prozesse einzubeziehen, selbst ein Ergebnis politischer Entscheidungen sein (vgl. Donges 2007).

Zusammenfassend lässt sich die Governance-Perspektive nach van Keersbergen/van Waarden (2004) durch sechs Merkmale charakterisieren:

1. Die Governance-Perspektive ist plurizentrisch statt unizentrisch, geht also nicht von der Annahme eines einzigen Zentrums (wie „der Staat") aus, welches politische Prozesse steuert.
2. Netzwerke, sowohl innerhalb von wie zwischen Organisationen, spielen eine wichtige Rolle.
3. Staatliche Akteure können in solchen Netzwerken vertreten sein, müssen es aber nicht und sind sonst auch nur ein Akteur unter mehreren.
4. Prozesse innerhalb von Governance-Netzwerken sind stärker von Kommunikationsmodi der Verhandlung, Verständigung, Abstimmung, Koordinierung, Kooperation und der Formierung von Allianzen geprägt als durch traditionelle Formen von Zwang, Befehl und Kontrolle.
5. Akteure innerhalb von Governance-Netzwerken stehen vor der Herausforderung, Risiken und Unsicherheiten im Umgang miteinander zu minimieren und entwickeln institutionelle Regeln, um diese Unsicherheiten zu reduzieren und Kooperationen einfacher und wahrscheinlicher zu machen.
6. Die Governance-Perspektive ist normativ. Sie beschreibt sowohl eine empirische Realität wie auch ein normatives Ziel (van Keersbergen/van Waarden 2004: 151–152).

Übertragen auf den Bereich des Rundfunks zielt die Governance-Perspektive damit stark auf jene Formen der Regelungsstrukturen ab, in denen sich medienpolitisch relevante Aushandlungsprozesse zwischen staatlichen und privaten Akteuren vollziehen: „Media governance refers to the sum total of mechanisms, both formal and informal, national and supranational, centralized and dispersed, that aim to organize media systems according to the resolution of media policy debates" (Freedman 2008: 14).

3 Die duale Rundfunkordnung in Deutschland in der Governance-Perspektive

Die duale Rundfunkordnung in Deutschland ist zunächst grundsätzlich von dem Umstand geprägt, dass das Politikfeld – in der Sprache der Governance-Perspektive – vertikal erweitert ist. Für die Ausgestaltung der Rundfunkordnung sind die Länder zuständig, die sich jedoch in Fragen von bundesweiter Relevanz untereinander abstimmen müssen. Formen der Multi-level-Governance entstehen zudem durch die Konvergenz von Rundfunk und Telekommunikation in Gestalt der Mediendienste, welche Fragen der Zuständigkeiten und der Abgrenzung zwischen verschiedenen politischen Ebenen aufwerfen.

Jenseits dieser vertikalen Erweiterung des Politikfeldes ist jedoch zu konstatieren, dass die Rundfunkpolitik in Deutschland jahrzehntelang von einem Government-Konzept geprägt war, also einer Fokussierung auf staatliche Akteure in den Ländern. Es gibt in Deutschland, im Gegensatz zu anderen europäischen Ländern, keine eigenständigen Ministerien für Medien oder Kommunikation, und trotz der immer wieder geäußerten Betonung, dass Rundfunk ein Kulturgut sei, sind die Kultusministerien in der Regel nicht mit rundfunkpolitischen Fragen befasst. Innerhalb der Länder sind vor allem die Staatskanzleien für rundfunkpolitische Fragen zuständig. Daher wirken hauptsächlich statushohe Akteure der Exekutive wie die Ministerpräsidentinnen und -präsidenten oder die Leitung der Staatskanzleien an ihnen mit. Der notwendige Abstimmungsprozess der Länder untereinander bringt es zudem mit sich, dass relevante medienpolitische Entscheidungen eher in informellen, geheimen Verhandlungen statt in parlamentarisch-öffentlichen Debatten getroffen werden.

Dieses Öffentlichkeitsdefizit ist möglicherweise die Ursache dafür, dass in der Rundfunkpolitik kaum ausformulierte Ordnungsvorstellungen oder Politikkonzepte existieren. Es gibt in Deutschland kaum Debatten darüber, welche Medien bzw. welchen Rundfunk eine demokratische Gesellschaft braucht und wie diese organisiert werden können. Stattdessen werden von den relevanten Akteuren im Politikfeld hauptsächlich „einfache" partei- oder landespolitische Ziele verfolgt, die auch leichter umgesetzt werden können. So führte die Zuständigkeit der Länder für den Rundfunk auch zu einem Wettbewerb um die Ansiedlung von Medienunternehmen und die Schaffung günstiger Ausgangsbedingungen für die „heimische" Medienindustrie (Standortpolitik).

In der Wissenschaft ist dieses staats- und parteifixierte Modell von Rundfunkpolitik bereits vor dem Aufkommen der Governance-Perspektive und ihrer entsprechenden Begrifflichkeiten kritisiert worden: „Das vorherrschende Regulierungskonzept ist staatlich-hoheitlich, orientiert sich vor allem am politischen Medieninhalt und versucht mit relativ unbestimmten Zielvorgaben über Organisationssteuerung mittels rechtlicher Instrumente und vermittelt über gesellschaftliche Vertreter eine bestimmte Vielfalt zu erzeugen. Dieses Konzept ist unter den Bedingungen des Mangels an Anbietern und Angeboten angemessen, doch unter ,Viel-Kanal'-Bedingungen und bezogen auf Marktakteure ist der Ansatz unzureichend, er greift ins Leere" (Jarren 1999: 155).

Die beiden „Säulen" der dualen Rundfunkordnung, öffentlich-rechtlicher und privat-kommerzieller Rundfunk, unterliegen in Deutschland unterschiedlichen Regelungsregimen. Sie ähneln sich in dem Grundmuster, dass Gremien aus Vertreterinnen und Vertretern gesellschaftlich relevanter Gruppen und den Parlamenten Aufsichtsfunktionen gegenüber den Rundfunkanbietern wahrnehmen. Im Fall des öffentlich-rechtlichen Rundfunks sind die Gremien Teil der Organisation (Rundfunkräte bzw. der Fernsehrat). Die Zusammensetzung der Gremien ist jeweils in den Mediengesetzen bzw. durch einen Staatsvertrag der Länder festgeschrieben. Ihr wichtigstes Steuerungsinstrument ist die Personalpolitik: Die Rundfunkräte wählen den Intendanten und (überwiegend) Teile der Verwaltungsräte, ferner haben sie Mitspracherechte bei weiteren relevanten Personalentscheidungen der Senderleitung. Die Rundfunkräte verabschieden die Satzungen der Rundfunkanstalten, müssen dem Haushaltsplan zustimmen, beraten den Intendanten in Programmfragen und werden von diesem über die wichtigsten und grundlegendsten Fragen informiert. In jüngster Zeit haben die Rundfunkräte durch die Einführung des sog. Dreistufentests an Bedeutung gewonnen, da sie über die Beibehaltung wie die Weiterführung von Telemedienangeboten entscheiden. Zugleich wird immer wieder Kritik daran geübt, dass sich die Gremien der öffentlich-rechtlichen Rundfunkanstalten von CDU/CSU und SPD dominieren lassen. Faktisch üben damit hohe Parteifunktionäre und Mitglieder der Exekutive durch das System der sog. „Freundeskreise" in den Gremien einen Einfluss auf Haushalts-, Programm-

und Personalentscheidungen des öffentlich-rechtlichen Rundfunks aus, der von vielen Beobachtern als systemwidrig hoch angesehen wird.

Bei Einführung des privat-kommerziellen Rundfunks und Gründung der Landesmedienanstalten wurde das Prinzip der pluralen Gremien im Sinne einer Pfadabhängigkeit auf die Landesmedienanstalten übertragen. Die Gremien sollen die Gesellschaft insgesamt repräsentieren und vertreten und im Zusammenspiel mit den jeweiligen Direktoren oder Präsidenten der Landesmedienanstalten Aufgaben in allen Teilen des Regulierungsprozesses wahrnehmen (Regelaufstellung, -durchsetzung und Sanktionierung). Der Einbezug pluraler Gremien hat Vorteile – wie die Chance einer höheren Absicherung der Entscheidungen in der Gesellschaft – bringt aber auch Nachteile mit sich, wie etwa die längere Dauer von Entscheidungsverfahren und den erhöhten Koordinationsaufwand. Daher gibt es auch in der öffentlich-rechtlichen Säule des dualen Rundfunks gegenwärtig eine Diskussion um die Rolle der Gremien, ihre Rolle in einer von Konvergenz geprägten Medienlandschaft, ihre Nähe und Beeinflussbarkeit durch Regierungen wie um eine „Professionalisierung der Medienaufsicht" (vgl. Lilienthal 2009).

In den vergangenen Jahren sind die Länder dazu übergegangen, in der Rundfunkpolitik Formen der *Co-Regulierung* zu etablieren, d. h. das Politikfeld horizontal auszuweiten. So wurde die 1993 gegründete Freiwillige Selbstkontrolle Fernsehen (FSF) als gemeinnütziger Verein privater Fernsehanbieter in Deutschland durch den Jugendmedienschutz-Staatsvertrag (JMStV) 2003 als Einrichtung der Selbstkontrolle anerkannt. Ähnlich verfuhren die Länder mit der Freiwilligen Selbstkontrolle Multimedia (FSM) als Selbstkontrolleinrichtung von Medienverbänden und Unternehmen der Online-Wirtschaft.

In rundfunkpolitischen Auseinandersetzungen wenig präsent sind Akteure aus der Zivilgesellschaft oder des allgemeinen *Publikums*. Medienrezipienten sind kaum organisierbar und können daher als Akteure in entsprechenden medien- bzw. rundfunkpolitischen Prozessen nur selten Einfluss nehmen. Mit den pluralen Gremien des öffentlichen Rundfunks und der Landesmedienanstalten nehmen in Deutschland machtvolle intermediäre Organisationen stellvertretend für die Gesellschaft mediengestaltende Aufgaben wie medienkritische Funktionen in allgemeiner Form wahr. Andere Formen der Publikumsbeteiligungen, wie sie beispielsweise in angelsächsischen Ländern mit öffentlichen Konsultationsverfahren vor Regulierungsentscheidungen, der Gründung von Publikumsorganisationen, Transparenzpflichten für die Rundfunkveranstalter oder der öffentlich wirksamen Etablierung von Beschwerdeinstanzen praktiziert werden, werden in Deutschland hingegen nicht angewandt (vgl. Jarren/Donges 2000, 2001; Bardoel/d'Haenens 2004; Hasebrink/Herzog/Eilders 2007). Auch frühere Überlegungen zur Etablierung von Organisationen wie einer Stiftung Medientest (vgl. Krotz 1996, 1997) sind bislang nicht umgesetzt worden. So gibt es relativ wenig Akteure, die im Sinne der Governance-Perspektive eine Thematisierungsfunktion im Bereich der Rundfunkpolitik wahrnehmen.

Schließlich ist der Hinweis relevant, dass sich Öffentlichkeit für rundfunkpolitische Fragen nur selektiv herstellen lässt. Viele Medienunternehmen sind in Deutschland sowohl im Bereich Presse wie auch im Bereich Rundfunk tätig. Studien zeigen, dass Medien in eigener Angelegenheit hoch selektiv berichten und damit die Möglichkeiten von Medienkritik als eine wesentliche Voraussetzung für die Entstehung öffentlicher rundfunkpolitischer Debatten beeinflussen (vgl. Jarren/Zielmann 2005). Es fehlt also an Instanzen, die Fragen von allgemeiner rundfunkpolitischer Bedeutung wirkungsvoll thematisieren können.

4 Positionierung der Gremienvorsitzendenkonferenz in der Governance-Struktur

Die allgemeinen Überlegungen zur Governance-Perspektive und ihrer Anwendung auf die duale Rundfunkordnung in Deutschland können nun für eine Beschreibung und Analyse der pluralen Gremien der Landesmedienanstalten und der ALM genutzt werden. Der Schwerpunkt der Analyse liegt dabei auf der Gremienvorsitzendenkonferenz (GVK) und ihrer Positionierung in der Governance-Struktur der ALM. Die Positionierung der Gremienvorsitzendenkonferenz im Governance-Netzwerk ergibt sich aus drei für die Analyse zentralen Quellen: (1) Den Zuständigkeiten nach dem Rundfunkstaatsvertrag und (2) den Zuständigkeiten aufgrund der Selbstorganisation der Landesmedienanstalten, die im ALM-Statut festgeschrieben sind. Diese werden ergänzt durch (3) die Geschäftsordnung der Gremienvorsitzendenkonferenz (GVK-GO), in der die GVK sich selbst beschreibt und weitere Zuständigkeiten definiert.

Bei der Analyse der Positionierung der GVK können drei Perspektiven unterschieden werden (vgl. auch Abbildung 2):

1. Eine horizontale Perspektive der Beziehungen der GVK zu den Direktoren der Landesmedienanstalten,
2. eine vertikale Perspektive der Beziehungen der GVK zu den einzelnen Gremien der Landesmedienanstalten,
3. eine diagonale Perspektive der Beziehungen der GVK zu anderen Akteuren außerhalb der Arbeitsgemeinschaft der Landesmedienanstalten.

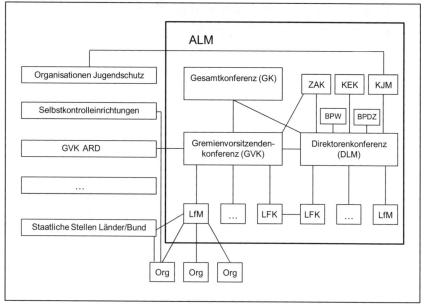

Abbildung 2: Governance-Struktur der ALM

4.1 Die horizontale Perspektive

Die Beziehungen der Gremienvorsitzendenkonferenz zu jenen Organen der ALM, die von den Direktoren und Präsidenten der Landesmedienanstalten besetzt werden, werden im Rundfunkstaatsvertrag und im ALM-Statut unterschiedlich definiert. Der Rundfunkstaatsvertrag benennt, wie bereits in der Einleitung erwähnt, vier Organe, die in Fragen von bundesweiter Bedeutung der jeweils zuständigen Landesmedienanstalt bei der Erfüllung ihrer Aufgaben dienen: die Kommission für Zulassung und Aufsicht (ZAK), die Gremienvorsitzendenkonferenz (GVK), die Kommission zur Ermittlung der Konzentration im Medienbereich (KEK) sowie die Kommission für Jugendmedienschutz (KJM). Formalisierte Beziehungen unterhält die GVK nach dem Rundfunkstaatsvertrag hauptsächlich zur Kommission für Zulassung und Aufsicht: Die ZAK wird angehalten, die GVK fortlaufend über ihre Tätigkeit zu unterrichten und sie in grundsätzlichen Angelegenheiten, insbesondere bei der Erstellung von Satzungen und Richtlinienentwürfen, einzubeziehen (§ 36 Abs. 3 RStV). Mit der Formulierung des „Einbezugs" haben die Länder eine vergleichsweise offene und unverbindliche Formulierung gewählt. In der Sprache der Governance-Perspektive formuliert lässt der Begriff Einbezug offen, ob er eine Konstellation wechselseitiger Beobachtung konstatiert (Pflicht zur Unterrichtung), eine Konstellation wechselseitiger Beeinflussung (Pflicht zur Unterrichtung und Möglichkeit der Stellungnahme) oder wechselseitiger Verhandlung (Notwendigkeit einer Verständigung).

Durch die Grundsätze für die Zusammenarbeit der Arbeitsgemeinschaft der Landesmedienanstalten in der Bundesrepublik Deutschland (ALM-Statut) werden drei Organe benannt: Die Direktorenkonferenz der Landesmedienanstalten (DLM), die Gremienvorsitzendenkonferenz (GVK) sowie die Gesamtkonferenz (GK). In der Direktorenkonferenz der Landesmedienanstalten (DLM) werden grundsätzlich die der Arbeitsgemeinschaft zugewiesenen allgemeinen und besonderen Aufgaben der ALM behandelt sowie die Vertreter der Landesmedienanstalten in die Gremien der KEK und KJM gewählt (§ 6 Abs. 4 ALM-Statut). In der Gremienvorsitzendenkonferenz werden über die im Rundfunkstaatsvertrag genannten Aufgaben hinaus solche Angelegenheiten behandelt, die in der Medienpolitik und für die Zusammenarbeit der Landesmedienanstalten von Bedeutung sind. Dazu gehören insbesondere auch die Beobachtung und Analyse der Programmentwicklung sowie die Erarbeitung von Stellungnahmen und Erfahrungsberichten hierzu.

Auch die Beschlussfassung der Direktorenkonferenz im Zusammenhang mit der Wahl von Mitgliedern der KEK und KJM und ihrer Stellvertreter bedarf der Zustimmung der Gremienvorsitzendenkonferenz (§ 6 Abs. 3 ALM-Statut). In der Gesamtkonferenz (GK) werden Angelegenheiten behandelt, die für das duale Rundfunksystem von grundsätzlicher medienpolitischer Bedeutung sind. Ferner wirkt sie bei Kompetenzstreitigkeiten unter den Kommissionen auf eine Einigung hin und ist bei Nicht-Einigung entscheidungsberechtigt (§ 6 Abs. 2 ALM-Statut). Die Gesamtkonferenz wird von den Vorsitzenden der Direktorenkonferenz und der Gremienvorsitzendenkonferenz gemeinsam geleitet.

Im Einzelnen sieht das ALM-Statut folgende Regelungen zur Zusammenarbeit der Gremienvorsitzendenkonferenz zu den Direktoren der Landesmedienanstalten vor:

– Die Direktorenkonferenz ist angehalten, die Gremienvorsitzendenkonferenz „zeitnah und vollständig" über die Ergebnisse ihrer Beratungen in jenen Angelegenheiten zu unterrichten, die in der Medienpolitik und für die Zusammenarbeit der Landesmedienanstalten von Bedeutung sind.

Dazu gehören insbesondere auch Fragen der Programmentwicklung und der Programmanalyse.

- Die Direktorenkonferenz bezieht die Gremienvorsitzendenkonferenz zweitens bei der Erarbeitung von Richtlinien mit programminhaltlichem Bezug sowie in anderen Fragen, die für die Zusammenarbeit von besonderer Bedeutung sind, ein.
- Der Gremienvorsitzendenkonferenz wird dabei Gelegenheit zur Stellungnahme gegeben.
- Die Gremienvorsitzendenkonferenz kann viertens die Direktorenkonferenz mit programmlichen Angelegenheiten, die für die Zusammenarbeit der Landesmedienanstalten von Bedeutung sind, befassen, auch soweit eine Entscheidungskompetenz anderer Organe der Landesmedienanstalten besteht. Die Direktorenkonferenz berichtet über das Ergebnis der Befassung (§ 6 Abs. 5 ALM-Statut).
- Fünftens bedarf die Beschlussfassung der Direktorenkonferenz im Zusammenhang mit der Wahl von Mitgliedern der KEK und KJM und ihrer Stellvertreter der Zustimmung der Gremienvorsitzendenkonferenz (§ 6 Abs. 3 ALM-Statut).
- Schließlich führen die Vorsitzenden beider Konferenzen den Vorsitz in der Gesamtkonferenz gemeinschaftlich (§ 6 Abs. 7 ALM-Statut).

Das ALM-Statut regelt die Beziehungen der Gremienvorsitzendenkonferenz zu den Direktoren der Landesmedienanstalten damit ausführlicher und präziser als der Rundfunkstaatsvertrag. Das Statut unterscheidet dabei Berichtspflichten der Direktoren (im Sinne von Konstellationen wechselseitiger Beobachtung) von der Möglichkeit für die GVK, zu diesen Stellung nehmen zu können (Konstellationen wechselseitiger Beeinflussung). In einzelnen Punkten wie der Wahl der Mitglieder der KEK und KJM wird ferner eine Verständigung zwischen beiden Organen eingefordert (Konstellationen wechselseitigen Verhandelns). Zu beachten ist jedoch, dass die Direktoren und Präsidenten der Landesmedienanstalten im Governance-Netzwerk der ALM zwei Organe ausbilden, die ZAK und die DLM. Das ALM-Statut enthält lediglich Regeln für die Beziehung der Gremienvorsitzendenkonferenz zur DLM, nicht jedoch zur ZAK. Insofern kann hier von zwei Governance-Strukturen gesprochen werden, jener der ALM und jener des Rundfunkstaatsvertrages.

4.2 Die vertikale Perspektive

Mit der vertikalen Perspektive werden die Beziehungen der Gremienvorsitzendenkonferenz zu den einzelnen plural besetzen Gremien der Landesmedienanstalten bezeichnet. In den Dokumenten finden sich nur wenige Anhaltspunkte zu den Regeln dieser Beziehungen. Der Rundfunkstaatsvertrag schreibt lediglich vor, dass die Mitglieder der GVK nicht an Weisungen gebunden werden dürfen, d. h. auch nicht gegenüber ihren entsendenden Gremien (§ 35 Abs. 8 RStV). Bei der Wahrnehmung ihrer Aufgaben gemäß dem Rundfunkstaatsvertrag haben die Mitglieder der GVK darüber hinaus die Vertraulichkeit auch gegenüber ihren entsendenden Gremien zu wahren (ebd.). Auffällig ist, dass auch die Geschäftsordnung der Gremienvorsitzendenkonferenz (GVK-GO) keine Aussagen über die vertikalen Beziehungen zu den entsendenden Gremien enthält. Die GVK definiert sich in ihrer Geschäftsordnung anhand ihrer formalen Zuständigkeiten: den Auswahlentscheidungen bei den Zuweisungen von Übertragungskapazitäten und der Entscheidung über die Belegung von Plattformen nach Rundfunkstaatsvertrag sowie der Mitwirkung in Grundsatzangelegenheiten, insbesondere bei der Erstellung von Satzungen und Richtlinien, sowie der Behandlung von Angelegenheiten, die nach dem ALM-Statut in der Medienpolitik und für die Zusammenarbeit der Landesmedienanstalten von Bedeutung sind. Diese werden in der Geschäftsordnung der GVK präzisiert als Fragen der Programmentwicklung, der Programmbeobachtung und Analyse sowie als Erarbeitung von Stellungnahmen, Fragen der Programmqualität, medienethische Gesichtspunkte, vorbereitende Beratung des Haushalts der ALM vor dessen Verabschiedung in der Gesamtkonferenz sowie als Zustimmung der GVK zur Beschlussfassung der Direktorenkonferenz im Zusammenhang mit der Wahl von Mitgliedern der KEK und KJM und ihrer Stellvertreter.

4.3 Die diagonale Perspektive

Mit Einnahme einer diagonalen Perspektive wird der Bereich der ALM verlassen und nach den Beziehungen der Gremienvorsitzendenkonferenz zu Organisationen außerhalb der ALM gefragt. Solche Beziehungen sind in der Regel informeller Natur. Gemeint sind beispielsweise die Beziehungen der Gremienvorsitzendenkonferenz der ALM zu ihrem gleichnamigen Pendant in der ARD. Oder die Kontakte der GVK und ihrer einzelnen Mitglieder zu staatlichen Stellen der Länder wie des Bundes, vor allem in den für Rundfunkpolitik zuständigen Staatskanzleien. Auch zu Organisationen und Selbstkontrolleinrichtungen des Jugendschutzes haben Mitglieder der pluralen Gremien der Landesmedienanstalten häufig Kontakt, etwa vermittelt über die sie entsendenden Organisationen.

5 Schlussfolgerungen und Handlungsempfehlungen

Mit dem 10. Rundfunkänderungsstaatsvertrag wurde die Struktur der Aufsicht über den privaten Rundfunk in Deutschland und der Arbeitsgemeinschaft der Landesmedienanstalten (ALM) durch eine neue Governance-Struktur erweitert. Die bisherige, im ALM-Statut festgelegte Struktur aus Direktorenkonferenz der Landesmedienanstalten (DLM), Gremienvorsitzendenkonferenz (GVK) und Gesamtkonferenz (GK) wurde um jene vier Organe erweitert, die ihre Zuständigkeit aus dem Rundfunkstaatsvertrag ableiten: die Kommission für Zulassung und Aufsicht (ZAK), die Kommission zur Ermittlung der Konzentration im Medienbereich (KEK), die Kommission für Jugendmedienschutz (KJM) sowie die Gremienvorsitzendenkonferenz (GVK). Die Gremienvorsitzendenkonferenz ist das einzige Organ, das in beiden Governance-Strukturen agiert, während die Direktoren und Präsidenten der Landesmedienanstalten zwei Organe bilden. In beiden Strukturen ist das Verhältnis zwischen Gremienvorsitzenden und Direktoren auch unterschiedlich geregelt: Im ALM-Statut werden zwischen beiden Organen sowohl Beobachtungs-, Beeinflussungs- wie auch Verhandlungskonstellationen konstituiert, im Rundfunkstaatsvertrag wird den Direktoren lediglich die Pflicht zum „Einbezug" der Gremienvorsitzenden auferlegt, ohne dass diese Verpflichtung näher konkretisiert wird.

Aus Sicht der pluralen Gremien der Landesmedienanstalten und der ALM stellt die Etablierung der neuen Governance-Struktur nach dem Rundfunkstaatsvertrag einen Verlust an Mitwirkungsmöglichkeiten da. Die GVK hat kaum Möglichkeiten, auf Entscheidungen der Kommission für Zulassung und Aufsicht Einfluss zu nehmen. Vielmehr ist es den Direktoren und Präsidenten der Landesmedienanstalten als Mitgliedern der ZAK weitgehend überlassen, die Mitwirkungsmöglichkeiten der GVK zu gestalten und diese „einzubeziehen". Die Funktion plural besetzter Gremien, wie sie in den Landesmediengesetzen angelegt war, geht damit bei rundfunkpolitischen Fragen von bundesweiter Bedeutung verloren. Dies war, unter Gesichtspunkten wie Bündelung bzw. Zentralisierung von Entscheidungsstrukturen sowie einer stärkeren Effizienz der Rundfunkaufsicht, von den Ministerpräsidenten der Länder politisch auch so gewollt. Die Mediengesetze der Länder weisen den plural besetzten Gremien jedoch einen anderen Stellenwert zu, beispielsweise in der Zuschreibung der Aufgabe, die Interessen der Allgemeinheit zu wahren sowie für Ausgewogenheit und Meinungsvielfalt zu sorgen. Die Stellung der Gremien in beiden Governance-Strukturen ist damit sehr unterschiedlich.

Ein Indikator für die Unterschiedlichkeit beider Governance-Strukturen ist ferner, dass mit der Kommission für Zulassung und Aufsicht (ZAK) ein Organ der Landesmedienanstalten etabliert wurde, das von den bisherigen Grundsätzen für die Zusammenarbeit der Arbeitsgemeinschaft der Landesmedienanstalten in der Bundesrepublik Deutschland (ALM-Statut) nicht erfasst wird. Eine Handlungsoption zur Verbindung beider Governance-Strukturen wäre daher, die im Rundfunkstaatsvertrag mit dem Begriff „Einbezug" nur vage gehaltenen Beziehungen der ZAK zur GVK durch eine Revision des ALM-Statuts zu präzisieren.

Auch in vertikaler Perspektive muss die durch den 10. Rundfunkänderungsstaatsvertrag geschaffene neue Governance-Struktur durch die Gremienvorsitzendenkonferenz bearbeitet werden. Die zentrale Frage lautet dabei, welche Schlussfolgerungen sich durch die Zentralisierung der Rundfunkaufsicht für die GVK, die einzelnen Gremien der Landesmedienanstalten sowie für ihr wechselseitiges Verhältnis ergeben. Versteht sich die GVK – neben den ihr im Rundfunkstaatsvertrag und im ALM-Statut zugewiesenen Aufgaben – lediglich als Organ der wechselseitigen Information bzw. auch Koordination von Gremienvertreterinnen und -vertretern, oder übt sie darüber hinaus selbst eine Initiativfunktion aus, etwa indem sie zu Fragen von bundesweiter Bedeutung eigenständig Stellung nimmt. Eine entsprechende Definition der Rolle der GVK im Verhältnis zu den Gremien der Landesmedienanstalten könnte beispielsweise in der Geschäftsordnung der GVK verankert werden.

Bei der Diskussion um die zukünftige Ausrichtung der GVK sollte auch berücksichtigt werden, dass die GVK sehr vielfältige Aufgaben wahrzunehmen hat: Neben den im Rundfunkstaatsvertrag genannten Zuständigkeiten sind dies wie erwähnt die Mitwirkung in Grundsatzangelegenheiten, die Behandlung von Angelegenheiten, die in der Medienpolitik und für die Zusammenarbeit der Landesmedienanstalten von Bedeutung sind, die Bearbeitung von Fragen der Programmentwicklung, der Programmbeobachtung und Analyse, Fragen der Programmqualität und medienethische Gesichtspunkte. Diese Aufgaben sind zum einen relativ abstrakt formuliert, zudem sind der GVK diese Aufgaben nicht „exklusiv" zugewiesen, da sich sowohl die Direktorenkonferenz als auch die Gesamtkonferenz mit grundsätzlichen medienpolitischen Fragestellungen befassen können. Die GVK kann aber eher als die Direktoren eine Thematisierungsfunktion übernehmen und Diskussionen moderieren, in denen Ansprüche der Gesellschaft an den Rundfunk formuliert werden. Zum zweiten ist die GVK von ihrem Anspruch her das Organ, das mit gesellschaftlich relevanten Gruppen verbunden ist. Sie kann und sollte daher ein Scharnier zwischen den Landesmedienanstalten und der Gesellschaft sein und in beide Richtungen wirken. Die GVK hat damit die Möglichkeit, rundfunkpolitische Foren zu organisieren und Rundfunkaufsicht wie Zivilgesellschaft miteinander ins Gespräch zu bringen. Sie kann dies – im Unterschied zu den Direktoren – gerade deshalb tun, weil sie vergleichsweise wenig formale Entscheidungskompetenzen hat und somit vom Entscheidungsdruck entlastet ist.

Eine solche Thematisierungs- und Forumsfunktion setzt jedoch eine Konzentration auf Kernthemen voraus. Die GVK sollte sich in Absprache mit den Gremien der Landesmedienanstalten auf jene Themen konzentrieren, zu der sie als Vertretung verschiedener gesellschaftlicher Gruppen wirksam einen Beitrag leisten kann. Allgemein formuliert könnte diese Frage lauten: Welchen Rundfunk will die Gesellschaft im 21. Jahrhundert? Wie ist die Grundidee eines „Rund-Funks" im Zeitalter der Konvergenz noch möglich, wie kann Rundfunk zukünftig finanziert werden etc. Da Rundfunkpolitik in Deutschland stark von einem Aushandlungsprozess statushoher Akteure in den Ländern geprägt ist (vgl. Abschnitt 3), werden Fragen dieser Art weder in einer parlamentarischen Arena noch einer allgemeinen Öffentlichkeit ausreichend diskutiert. Die zukünftige Rolle der GVK könnte darin bestehen, grundsätzlichere rundfunkpolitische Fragestellungen zu thematisieren und an der Etablierung entsprechender Foren mitzuwirken, in denen sich Akteure aus jenen Gruppen und Organisationen, die durch die pluralen Gremien der Landesmedienanstalten vertreten werden, austauschen können. Hierzu wäre in diagonaler Perspektive eine Bestandsaufnahme notwendig: Welche Organisationen und Gruppen in der Umwelt der ALM sind für die GVK relevant, zu welchen bestehen bereits informelle Kontakte, zu welchen sollen Beziehungen aufgebaut werden? Welche Ziele verfolgt die GVK beispielsweise gegenüber jenen Organisationen, die sich in Deutschland mit Fragen des Jugendmedienschutzes befassen?

Die pluralen Gremien der Landesmedienanstalten und der ALM haben zusammengefasst durch den 10. Rundfunkänderungsstaatsvertrag formal an Bedeutung verloren und müssen ihre Rolle in der so entstandenen Governance-Struktur neu formulieren und definieren. Sie können aber durch ihre Verbindung zu gesellschaftlich relevanten Gruppen einen notwendigen Beitrag zur Thematisierung von gesellschaftlichen Anliegen in der Rundfunkpolitik leisten.

Literatur

ALM (2008): Grundsätze für die Zusammenarbeit der Arbeitsgemeinschaft der Landesmedienanstalten in der Bundesrepublik Deutschland (ALM). ALM-Statut vom 09.10.2008 (http://www.alm.de/fileadmin/Download/Gesetze/ALM-Statut_09.10.2008.pdf)

Baars, Wiebke (1999): Kooperation und Kommunikation durch Landesmedienanstalten. Eine Analyse ihres Aufgaben- und Funktionsbereichs. Baden-Baden: Nomos.

Bardoel, Jo/d'Haenens, Leen (2004): Media Meet the Citizen. Beyond Market Mechanisms and Government Regulations. In: European Journal of Communication 19 (2), 165–194.

Benz, Arthur (2005): Governance in Mehrebenensystemen. In: Schuppert, Gunnar Folke (Hrsg.): Governance-Forschung. Vergewisserung über Stand und Entwicklungslinien. Baden-Baden: Nomos, 95–120.

Benz, Arthur (2007): Multilevel Governance. In: Benz, Arthur/Lütz, Susanne/Schimank, Uwe/Simonis, Georg (Hrsg.): Handbuch Governance. Theoretische Grundlagen und empirische Anwendungsfelder. Wiesbaden: VS Verlag für Sozialwissenschaften, 297–310.

Benz, Arthur (Hrsg.) (2004): Governance – Regieren in komplexen Regelsystemen. Eine Einführung. Wiesbaden: VS Verlag für Sozialwissenschaften.

Benz, Arthur/Lütz, Susanne/Schimank, Uwe/Simonis, Georg (Hrsg.) (2007): Handbuch Governance. Theoretische Grundlagen und empirische Anwendungsfelder. Wiesbaden: VS Verlag für Sozialwissenschaften.

Black, Julia (1996): Constitutionalising Self-Regulation. In: The Modern Law Review 59 (1), 24–55.

Campbell, Angela J. (1999): Self-Regulation and the Media. In: Federal Communications Law Journal 51 (3), 711–772.

Cuilenburg, Jan van/McQuail, Denis (2003): Media Policy Paradigm Shifts. Towards a New Communications Policy Paradigm. In: European Journal of Communication 18 (2), 181–207.

Donges, Patrick (2007): The New Institutionalism as a Theoretical Foundation of Media Governance. In: Communications 32 (3), 325–330.

Donges, Patrick (Hrsg.) (2007): Von der Medienpolitik zur Media Governance? Köln: Herbert von Halem.

Freedman, Des (2008): The Politics of Media Policy. Cambridge: Polity.

Giddens, Anthony (1995): Die Konstitution der Gesellschaft. Grundzüge einer Theorie der Strukturierung. (3. Aufl., zuerst Cambridge 1984). Frankfurt/M., New York: Campus.

GVK (2008): Geschäftsordnung der Gremienvorsitzendenkonferenz der Landes-medienanstalten (GVK-GO) vom 11. November 2008 (http://www.alm.de/file admin/Download/Gesetze/GVK-Geschaeftsordnung.pdf)

Hasebrink, Uwe/Herzog, Anja/Eilders, Christiane (2007): Media User's Parti-cipation in Europe from a Civil Society Perspective. In: Baldi, Paolo/Hasebrink, Uwe (Hrsg.): Broadcasters and Citizens in Europe. Trends in Media Accoun-tability and Viewer Participation. Bristol, Chicago, 75–91.

Hoffmann-Riem, Wolfgang (1996): Öffentliches Recht und Privatrecht als wechsel-seitige Auffangordnungen – Systematisierung und Entwicklungsperspektiven. In: Hoffmann-Riem, Wolfgang/Schmidt-Aßmann, Eberhard (Hrsg.): Öffent-liches Recht und Privatrecht als wechselseitige Auffangordnungen. Baden-Baden: Nomos, 261–336.

Hoffmann-Riem, Wolfgang/Schulz, Wolfgang/Held, Thorsten (2000): Konvergenz und Regulierung. Optionen für rechtliche Regelungen und Aufsichtsstrukturen im Bereich Information, Kommunikation und Medien. Baden-Baden: Nomos.

Holznagel, Bernd/Krone, Daniel/Jungfleisch, Christiane (2004): Von den Landes-medienanstalten zur Ländermedienanstalt. Schlussfolgerungen aus einem inter-nationalen Vergleich der Medienaufsicht. Münster: Lit.

Jarren, Otfried (1999): Medienregulierung in der Informationsgesellschaft? Über die Möglichkeiten zur Ausgestaltung der zukünftigen Medienordnung. In: Publi-zistik 44 (2), 149–164.

Jarren, Otfried/Donges, Patrick (1997): Ende der Massenkommunikation – Ende der Medienpolitik? In: Fünfgeld, Hermann/Mast, Claudia (Hrsg.): Massen-kommunikation. Ergebnisse und Perspektiven. Opladen, 231–252.

Jarren, Otfried/Donges, Patrick (2000): Medienregulierung durch die Gesellschaft? Eine steuerungstheoretische und komparative Studie mit Schwerpunkt Schweiz. Wiesbaden: Westdeutscher Verlag.

Jarren, Otfried/Donges, Patrick (2001): Medienregulierung als gesellschaftliche Aufgabe? Ein Mehrebenen-Akteur-Modell zur Steuerung der Medienentwicklung aus sozialwissenschaftlicher Perspektive. In: Rossen-Stadtfeld, Helge/Wieland, Joachim (Hrsg.): Steuerung medienvermittelter Kommunikation. Theorie, Praxis, Perspektiven. Baden-Baden: Nomos, 35–50.

Jarren, Otfried/Donges, Patrick (2006): Medienpolitik: Zwischen Politikverzicht, parteipolitischer Interessenwahrung und transnationalen Einflüssen. In: Schmidt, Manfred G./Zohlnhöfer, Reimut (Hrsg.): Regieren in der Bundesrepublik Deutschland. Innen- und Außenpolitik seit 1949. Wiesbaden: VS Verlag für Sozialwissenschaften, 385–403.

Jarren, Otfried/Zielmann, Sarah (2005): Ausblick: Institutionalisierungsmöglich-keiten der Medienkritik. In: Weiß, Ralph (Hrsg.): Zur Kritik der Medienkritik. Wie Zeitungen das Fernsehen beobachten. Berlin: VISTAS Verlag, 549–568.

Kersbergen, Kees van/Waarden, Frans van (2004): ‚Governance‘ as a bridge bet-ween disciplines: Cross-disciplinary inspiration regarding shifts in governance and problems of governability, accountability and legitimacy. In: European Journal of Political Research 43 (2), 143–171.

Krotz, Friedrich (1996): Zur Konzeption einer Stiftung Medientest. In: Rundfunk und Fernsehen 44 (2), S. 214–229.

Krotz, Friedrich (1997): Verbraucherkompetenz und Medienkompetenz. Die „Stiftung Medientest" als Antwort auf strukturelle Probleme der Medienentwicklung. In: Wessler, Hartmut / Matzen, Christiane / Jarren, Otfried / Hasebrink, Uwe (Hrsg.): Perspektiven der Medienkritik. Opladen: Westdeutscher Verlag, 251–263.

Lange, Stefan / Schimank, Uwe (2004): Governance und gesellschaftliche Integration. In: Lange, Stefan / Schimank, Uwe (Hrsg.): Governance und gesellschaftliche Integration. Wiesbaden: VS Verlag für Sozialwissenschaften, 9–44.

Lange, Stefan / Schimank, Uwe (Hrsg.) (2004): Governance und gesellschaftliche Integration. Wiesbaden: VS Verlag für Sozialwissenschaften.

Latzer, Michael / Just, Natascha / Saurwein, Florian / Slominski, Peter (2002): Selbst- und Ko-Regulierung im Mediamatiksektor. Alternative Regulierungsformen zwischen Staat und Markt. Wiesbaden: Westdeutscher Verlag.

Lilienthal, Volker (Hrsg.) (2009): Professionalisierung der Medienaufsicht. Neue Aufgaben für Rundfunkräte – Die Gremiendebatte in epd medien. Wiesbaden: VS Verlag für Sozialwissenschaften.

March, James G. / Olson, Johan P. (1984): The New Institutionalism: Organizational Factors in Political Life. In: American Political Science Review 78 (3), 734–749.

Mayntz, Renate (2005): Governance Theory als fortentwickelte Steuerungstheorie? In: Schuppert, Gunnar Folke (Hrsg.): Governance-Forschung. Vergewisserung über Stand und Entwicklungslinien. Baden-Baden: Nomos, 11–20.

Ó Siochrú, Seán / Girard, Bruce (2002): Global Media Governance. A Beginner's Guide. Lanham / Md. u. a.: Rowman&Littlefield.

Mayntz, Renate / Scharpf, Fritz W. (1995): Der Ansatz des akteurzentrierten Institutionalismus. In: Mayntz, Renate / Scharpf, Fritz W. (Hrsg.): Gesellschaftliche Selbstregelung und politische Steuerung. Frankfurt / M., New York: Campus, 39–72.

Puppis, Manuel (2007): Einführung in die Medienpolitik. Konstanz: UVK.

Rundfunkstaatsvertrag (2009): Staatsvertrag für Rundfunk und Telemedien (Rundfunkstaatsvertrag – RStV –) vom 31. 08. 1991 zuletzt geändert durch Artikel 1 des Zwölften Staatsvertrages zur Änderung rundfunkrechtlicher Staatsverträge vom 18. 12. 2008 (vgl. GBl. vom 27. 03. 2009), in Kraft getreten am 01. 06. 2009. (http://www.alm.de/fileadmin/Download/Gesetze/RStV_aktuell.pdf)

Schulz, Wolfgang / Held, Thorsten (2002): Regulierte Selbstregulierung als Form modernen Regierens. Im Auftrag des Bundesbeauftragten für Angelegenheiten der Kultur und der Medien. Endbericht. Hamburg: Verlag Hans-Bredow-Institut.

Schuppert, Gunnar Folke (2005): Governance im Spiegel der Wissenschaftsdisziplinen. In: Schuppert, Gunnar Folke (Hrsg.): Governance-Forschung. Vergewisserung über Stand und Entwicklungslinien. Baden-Baden: Nomos, 371–469.

Schuppert, Gunnar Folke (2008): Governance – auf der Suche nach Konturen eines „anerkannt uneindeutigen Begriffs". In: Schuppert, Gunnar Folke / Zürn, Michael (Hrsg.): Governance in einer sich wandelnden Welt. Wiesbaden: VS Verlag für Sozialwissenschaften, 13–40.

Schuppert, Gunnar Folke (Hrsg.) (2005): Governance-Forschung. Vergewisserung über Stand und Entwicklungslinien. Baden-Baden: Nomos.

Schuppert, Gunnar Folke / Zürn, Michael (Hrsg.) (2008): Governance in einer sich wandelnden Welt. Wiesbaden: VS Verlag für Sozialwissenschaften.

Scott, W. Richard (2001): Institutions and Organizations. 2nd edition. Thousand Oaks u. a.: Sage.

Trute, Hans-Heinrich / Kühlers, Doris / Pilniok, Arne (2008): Governance als verwaltungsrechtswissenschaftliches Analysekonzept. In: Schuppert, Gunnar Folke / Zürn, Michael (Hrsg.): Governance in einer sich wandelnden Welt. Wiesbaden: VS Verlag für Sozialwissenschaften, 173–189.

Vowe, Gerhard (2003): Medienpolitik – Regulierung der medialen öffentlichen Kommunikation. In: Bentele, Günter / Brosius, Hans-Bernd / Jarren, Otfried (Hrsg.): Öffentliche Kommunikation. Handbuch Kommunikations- und Medienwissenschaft. Wiesbaden: Westdeutscher Verlag, 210–227.

Anhang
Gesetzestexte (Auszüge): Gremienarbeit und -zusammensetzung in den Landesmedienanstalten

Stand: 1. November 2010

Vorbemerkung:

Nachfolgend finden Sie eine (nach Ländern geordnete) alphabetische Auf-listung über die Aufgaben und die Zusammensetzung der Gremien in den Landesmedienanstalten. Der Rundfunkstaatsvertrag (RStV) legt zudem die Aufgaben der Gremienvorsitzenden im bundesweiten Zusammenhang (Aus-wahlentscheidungen bei den Zuweisungen von Übertragungskapazitäten und die Entscheidung über die Belegung von Plattformen) fest und stellt dabei die Gremienvorsitzendenkonferenz als eigenständiges Organ auf eine gesetzliche Grundlage. Dabei spricht der RStV im Rahmen ihrer Zusammen-setzung von den „jeweiligen Vorsitzenden des plural besetzten Beschluss-gremiums der Landesmedienanstalten". Schon mit dieser Begriffswahl wird man auf die Vielfalt der Systeme in der Länderrundfunkaufsicht hingewie-sen. Denn neben und anstelle der angesprochenen „pluralen Aufsichts-gremien" existieren einige Entscheidungsgremien, die eben nicht plural, also als gesellschaftliches Spiegelbild, organisiert sind, sondern aus ehren-amtlichen Sachverständigen bestehen, welche einen besonderen medien- und rundfunkbezogenen Hintergrund mitbringen. Auch die Bezeichnungen der Entscheidungsgremien sind unterschiedlich gewählt oder es kann ein und derselbe Begriff verschiedene Strukturen in den Gremien beschreiben. So ist z. B. der eine Medienrat plural und in der Regel breit besetzt, dagegen kommt ein anderer Medienrat mit einer kleinen Expertenrunde aus. Die folgende tabellarische Übersicht soll zusammen mit den Gesetzesauszügen helfen, die Gremienvielfalt in der deutschen Rundfunkaufsicht kompakt darzustellen.

Landesmedienanstalt*	Bezeichnung	Art des Gremiums	Anzahl Vertreter
LFK Baden-Württemberg	Medienrat	Plurales Gremiem	36
BLM Bayern	Medienrat	Plurales Gremium	47
mabb Berlin-Brandenburg	Medienrat	Sachverständigen-gremium	7
brema Bremen	Landesrundfunk-ausschuss	Plurales Gremium	27
MA HSH Hamburg Schleswig-Holstein	Medienrat	Sachverständigen-gremium	14
LPR Hessen	Versammlung	Plurales Gremium	30
MMV Mecklenburg-Vorpommern	Medienausschuss	Plurales Gremium	11
NLM Niedersachsen	Versammlung	Plurales Gremium	26
LfM Nordrhein-Westfalen	Medienkommission	Plurales Gremium	28
LMK Rheinland-Pfalz	Versammlung	Plurales Gremium	42
LMS Saarland	Medienrat	Plurales Gremium	33
SLM Sachsen	Medienrat	Sachverständigen-gremium	5
MSA Sachsen-Anhalt	Versammlung	Plurales Gremium	25
TLM Thüringen	Versammlung	Plurales Gremium	25

* Es sind jeweils nur die Gremien aufgelistet, die einen Vertreter, in der Regel den Vorsitzenden, in die GVK entsenden. Viele Landesmedienanstalten verfügen über weitere Gremien mit speziellen Funktionen, wie Verwaltungsrat, Vorstand etc.

Rundfunkstaatsvertrag (RStV)

4. Unterabschnitt:
Organisation der Medienaufsicht, Finanzierung

§ 35 Organisation

(1) Die Aufgaben nach § 36 obliegen der zuständigen Landesmedienanstalt. Sie trifft entsprechend den Bestimmungen dieses Staatsvertrages die jeweiligen Entscheidungen.

(2) Zur Erfüllung der Aufgaben nach Absatz 1 und nach den Bestimmungen des Jugendmedienschutz-Staatsvertrages bestehen:
1. Die Kommission für Zulassung und Aufsicht (ZAK),
2. die Gremienvorsitzendenkonferenz (GVK),
3. die Kommission zur Ermittlung der Konzentration im Medienbereich (KEK) und
4. die Kommission für Jugendmedienschutz (KJM).
Diese dienen der jeweils zuständigen Landesmedienanstalt als Organe bei der Erfüllung ihrer Aufgaben nach § 36.

(3) Die Landesmedienanstalten entsenden jeweils den nach Landesrecht bestimmten gesetzlichen Vertreter in die ZAK; eine Vertretung im Fall der Verhinderung ist durch den ständigen Vertreter zulässig. Die Tätigkeit der Mitglieder der ZAK ist unentgeltlich.

(4) Die GVK setzt sich zusammen aus dem jeweiligen Vorsitzenden des plural besetzten Beschlussgremiums der Landesmedienanstalten; eine Vertretung im Fall der Verhinderung durch den stellvertretenden Vorsitzenden ist zulässig. Die Tätigkeit der Mitglieder der GVK ist unentgeltlich.

(5) Die KEK besteht aus
1. sechs Sachverständigen des Rundfunk- und des Wirtschaftsrechts, von denen drei die Befähigung zum Richteramt haben müssen, und
2. sechs nach Landesrecht bestimmten gesetzlichen Vertretern der Landesmedienanstalten.
Die Mitglieder nach Satz 1 Nr. 1 der KEK und zwei Ersatzmitglieder für den Fall der Verhinderung eines dieser Mitglieder werden von den Minister-

präsidenten der Länder für die Dauer von fünf Jahren einvernehmlich berufen. Von der Mitgliedschaft nach Satz 2 ausgeschlossen sind Mitglieder und Bedienstete der Institutionen der Europäischen Union, der Verfassungsorgane des Bundes und der Länder, Gremienmitglieder und Bedienstete von Landesrundfunkanstalten der ARD, des ZDF, des Deutschlandradios, des Europäischen Fernsehkulturkanals „Arte", der Landesmedienanstalten, der privaten Rundfunkveranstalter und Plattformanbieter sowie Bedienstete von an ihnen unmittelbar oder mittelbar im Sinne von § 28 beteiligten Unternehmen. Scheidet ein Mitglied nach Satz 2 aus, berufen die Ministerpräsidenten der Länder einvernehmlich ein Ersatzmitglied oder einen anderen Sachverständigen für den Rest der Amtsdauer als Mitglied; entsprechendes gilt, wenn ein Ersatzmitglied ausscheidet. Die Mitglieder nach Satz 2 erhalten für ihre Tätigkeit eine angemessene Vergütung und Ersatz ihrer notwendigen Auslagen. Das Vorsitzland der Rundfunkkommission schließt die Verträge mit diesen Mitgliedern. Der Vorsitzende der KEK und sein Stellvertreter sind aus der Gruppe der Mitglieder nach Satz 1 Nr. 1 zu wählen. Die sechs Vertreter der Landesmedienanstalten und zwei Ersatzmitglieder für den Fall der Verhinderung eines dieser Vertreter werden durch die Landesmedienanstalten für die Amtzeit der KEK gewählt.

(6) Ein Vertreter der Landesmedienanstalten darf nicht zugleich der KEK und der KJM angehören; Ersatzmitgliedschaft oder stellvertretende Mitgliedschaft sind zulässig.

(7) Die Landesmedienanstalten bilden für die Organe nach Absatz 2 eine gemeinsame Geschäftsstelle; unbeschadet dessen verbleiben bis zum 31. August 2013 die Geschäftsstelle der KJM in Erfurt und der KEK in Potsdam.

(8) Die Mitglieder der ZAK, der GVK und der KEK sind bei der Erfüllung ihrer Aufgaben nach diesem Staatsvertrag an Weisungen nicht gebunden. § 24 gilt für die Mitglieder der ZAK und GVK entsprechend. Die Verschwiegenheitpflicht nach § 24 gilt auch im Verhältnis der Mitglieder der Organe nach Absatz 2 zu anderen Organen der Landesmedienanstalten.

(9) Die Organe nach Absatz 2 fassen ihre Beschlüsse mit der Mehrheit ihrer gesetzlichen Mitglieder. Bei Beschlüssen der KEK entscheidet im Fall der Stimmengleichheit die Stimme des Vorsitzenden, bei seiner Verhinderung die Stimme des stellvertretenden Vorsitzenden. Die Beschlüsse sind zu begründen. In der Begründung sind die wesentlichen tatsächlichen und rechtlichen Gründe mitzuteilen. Die Beschlüsse sind gegenüber den

anderen Organen der zuständigen Landesmedienanstalt bindend. Die zuständige Landesmedienanstalt hat die Beschlüsse im Rahmen der von den Organen nach Absatz 2 Satz 1 gesetzten Fristen zu vollziehen.

(10) Die Landesmedienanstalten stellen den Organen nach Absatz 2 die notwendigen personellen und sachlichen Mittel zur Verfügung. Die Organe erstellen jeweils einen Wirtschaftsplan nach den Grundsätzen der Wirtschaftlichkeit und Sparsamkeit. Die Kosten für die Organe nach Absatz 2 werden aus dem Anteil der Landesmedienanstalten nach § 10 des Rundfunkfinanzierungsstaatsvertrages gedeckt. Näheres regeln die Landesmedienanstalten durch übereinstimmende Satzungen.

(11) Von den Verfahrensbeteiligten sind durch die zuständigen Landesmedienanstalten Kosten in angemessenem Umfang zu erheben. Näheres regeln die Landesmedienanstalten durch übereinstimmende Satzungen.

§ 36 Zuständigkeiten, Aufgaben

(1) Zuständig ist in den Fällen des Absatzes 2 Satz 1 Nr. 1, 3, 4 und 8 die Landesmedienanstalt, bei der der entsprechende Antrag oder die Anzeige eingeht. Sind nach Satz 1 mehrere Landesmedienanstalten zuständig, entscheidet die Landesmedienanstalt, die zuerst mit der Sache befasst worden ist. Zuständig in den Fällen des Absatzes 2 Satz 1 Nr. 5 bis 7 und 9 sowie in den Fällen der Rücknahme oder des Widerrufs der Zulassung oder der Zuweisung ist die Landesmedienanstalt, die dem Veranstalter die Zulassung erteilt, die Zuweisung vorgenommen oder die Anzeige entgegengenommen hat.

(2) Die ZAK ist für folgende Aufgaben zuständig:
1. Zulassung, Rücknahme oder Widerruf der Zulassung bundesweiter Veranstalter nach §§ 20a, 38 Abs. 3 Nr. 1 und Abs. 4 Nr. 1 sowie Anzeige der Veranstaltung von Hörfunk im Internet nach § 20b Satz 2,
2. Wahrnehmung der Aufgaben nach § 51 Abs. 3 Satz 1 Nr. 1 und 3,
3. Zuweisung von Übertragungskapazitäten für bundesweite Versorgungsbedarfe und deren Rücknahme oder Widerruf nach §§ 51a und 38 Abs. 3 Nr. 2 und Abs. 4 Nr. 2, soweit die GVK nicht nach Absatz 3 zuständig ist,
4. Anzeige des Plattformbetriebs nach § 52,
5. Aufsicht über Plattformen nach § 51b Abs. 1 und 2 sowie §§ 52a bis f, soweit nicht die GVK nach Absatz 3 zuständig ist,

6. Feststellung des Vorliegens der Voraussetzungen für Regionalfenster-programme nach § 25 Abs. 4 Satz 1 und für Sendezeit für Dritte nach § 31 Abs. 2 Satz 4,
7. Aufsichtsmaßnahmen gegenüber privaten bundesweiten Veranstaltern, soweit nicht die KEK nach Absatz 4 zuständig ist,
8. Entscheidungen über die Zulassungspflicht nach § 20 Abs. 2; diese Entscheidungen trifft sie einvernehmlich,
9. Befassung mit Anzeigen nach § 38 Abs. 1.

Die ZAK kann Prüfausschüsse für die Aufgaben nach Satz 1 Nr. 7 einrichten. Die Prüfausschüsse entscheiden jeweils bei Einstimmigkeit anstelle der ZAK. Zu Beginn der Amtsperiode der ZAK wird die Verteilung der Verfahren von der ZAK festgelegt. Das Nähere ist in der Geschäftsordnung der ZAK festzulegen.

(3) Die GVK ist zuständig für Auswahlentscheidungen bei den Zuweisungen von Übertragungskapazitäten nach § 51a Abs. 4 und für die Entscheidung über die Belegung von Plattformen nach § 52b Abs. 4 Satz 4 und 6. Die ZAK unterrichtet die GVK fortlaufend über ihre Tätigkeit. Sie bezieht die GVK in grundsätzlichen Angelegenheiten, insbesondere bei der Erstellung von Satzungen und Richtlinienentwürfen, ein.

(4) Die KEK ist zuständig für die abschließende Beurteilung von Fragestellungen der Sicherung von Meinungsvielfalt im Zusammenhang mit der bundesweiten Veranstaltung von Fernsehprogrammen. Sie ist im Rahmen des Satzes 1 insbesondere zuständig für die Prüfung solcher Fragen bei der Entscheidung über eine Zulassung oder Änderung einer Zulassung, bei der Bestätigung von Veränderungen von Beteiligungsverhältnissen als unbedenklich und bei Maßnahmen nach § 26 Abs. 4. Die KEK ermittelt die den Unternehmen jeweils zurechenbaren Zuschaueranteile.

(5) Die Auswahl und Zulassung von Regionalfensterprogrammveranstaltern nach § 25 Abs. 4 und Fensterprogrammveranstaltern nach § 31 Abs. 4 sowie die Aufsicht über diese Programme obliegen dem für die Zulassung nicht bundesweiter Angebote zuständigen Organ der zuständigen Landesmedienanstalt. Bei Auswahl und Zulassung der Veranstalter nach Satz 1 ist zuvor das Benehmen mit der KEK herzustellen.

(6) § 47 Abs. 3 Satz 1 bleibt unberührt.

§ 37 Verfahren bei Zulassung, Zuweisung

(1) Geht ein Antrag nach § 36 Abs. 2 Nr. 1, 3, 4, 8 oder 9 bei der zuständigen Landesmedienanstalt ein, legt der nach Landesrecht bestimmte gesetzliche Vertreter unverzüglich den Antrag sowie die vorhandenen Unterlagen der ZAK und in den Fällen des § 36 Abs. 2 Nr. 1 zusätzlich der KEK vor.

(2) Kann nicht allen Anträgen nach § 36 Abs. 2 Nr. 3 entsprochen werden, entscheidet die GVK.

(3) Absatz 1 gilt entsprechend für die Beurteilung von Fragestellungen der Sicherung von Meinungsvielfalt durch die KEK im Rahmen ihrer Zuständigkeit in anderen Fällen als dem der Zulassung eines bundesweiten privaten Veranstalters.

(4) Den Kommissionen nach § 35 Abs. 2 stehen die Verfahrensrechte nach den §§ 21 und 22 zu.

(5) Bei Rechtsmitteln gegen Entscheidungen nach den §§ 35 und 36 findet ein Vorverfahren nach § 68 Abs. 1 der Verwaltungsgerichtsordnung (VwGO) nicht statt.

§ 51a Zuweisung von drahtlosen Übertragungskapazitäten an private Anbieter durch die zuständige Landesmedienanstalt

(…)

(4) Lässt sich innerhalb der von der zuständigen Landesmedienanstalt zu bestimmenden angemessenen Frist keine Einigung erzielen oder entspricht die vorgesehene Aufteilung voraussichtlich nicht dem Gebot der Meinungsvielfalt und Angebotsvielfalt, weist die zuständige Landesmedienanstalt dem Antragssteller die Übertragungskapazität zu, der am ehesten erwarten lässt, dass sein Angebot
1. die Meinungsvielfalt und Angebotsvielfalt fördert,
2. auch das öffentliche Geschehen, die politischen Ereignisse sowie das kulturelle Leben darstellt und
3. bedeutsame politische, weltanschauliche und gesellschaftliche Gruppen zu Wort kommen lässt.
In die Auswahlentscheidung ist ferner einzubeziehen, ob das Angebot wirtschaftlich tragfähig erscheint sowie Nutzerinteressen und -akzeptanz hinreichend berücksichtigt. Für den Fall, dass die Übertragungskapazität einem

Anbieter einer Plattform zugewiesen werden soll, ist des Weiteren zu berücksichtigen, ob das betreffende Angebot den Zugang von Fernseh- und
Hörfunkveranstaltern sowie Anbietern von vergleichbaren Telemedien einschließlich elektronischer Programmführer zu angemessenen Bedingungen
ermöglicht und den Zugang chancengleich und diskriminierungsfrei gewährt.

(…)

§ 52b Belegung von Plattformen

(…)

(4) Die Entscheidung über die Belegung von Plattformen trifft der Anbieter
der Plattform. Programme, die dem Plattformanbieter gemäß § 28 zuge-
rechnet werden können oder von ihm exklusiv vermarktet werden, bleiben
bei der Erfüllung der Anforderungen nach Absatz 1 Nr. 1 und 2 außer
Betracht. Der Anbieter einer Plattform hat die Belegung von Rundfunkprogrammen oder Telemedien der zuständigen Landesmedienanstalt spätestens
einen Monat vor ihrem Beginn anzuzeigen. Werden die Voraussetzungen
der Absätze 1 bis 3 nicht erfüllt, erfolgt die Auswahl der zu verbreitenden
Rundfunkprogramme nach Maßgabe dieses Staatsvertrages und des Landesrechts durch die zuständige Landesmedienanstalt. Zuvor ist dem Anbieter
einer Plattform eine angemessene Frist zur Erfüllung der gesetzlichen
Voraussetzungen zu setzen. Bei Änderung der Belegungen gelten die Sätze 1
bis 5 entsprechend.

Vertrag über die Zusammenarbeit der Arbeitsgemeinschaft der Landesmedienanstalten in der Bundesrepublik Deutschland (ALM)

– ALM-Statut –

vom 17. März 2010[1]

§ 2 Zweck und Gegenstand der ALM

(1) Allgemeine Aufgaben der ALM sind:

1. Wahrnehmung der Interessen der Mitgliedsanstalten auf dem Gebiet des Rundfunks auf nationaler und internationaler Ebene,
2. Informations- und Meinungsaustausch mit Rundfunkveranstaltern,
3. Behandlung gemeinsamer Angelegenheiten außerhalb der Zulassungs- und Aufsichtsaufgaben im Bereich der audiovisuellen Medien, insbesondere Programm, Recht, Forschung, Medienkompetenz und Finanzierung,
4. Einholung von Gutachten zu Fragen, die für die Aufgaben der Mitgliedsanstalten von grundsätzlicher Bedeutung sind,
5. Beobachtung und Analyse der Programmentwicklung sowie Erarbeitung von Stellungnahmen und Erfahrungsberichten hierzu,
6. Zusammenarbeit bei planerischen und technischen Vorarbeiten.

(2) Besondere Aufgaben der ALM sind:

1. Abstimmung über den Erlass gemeinsamer Richtlinien zur näheren Ausgestaltung vielfaltsichernder Maßnahmen (§ 33 RStV),
2. Abstimmung über den Erlass gemeinsamer Satzungen und Richtlinien zu Werbung, Sponsoring, Teleshopping, zu Eigenwerbekanälen, und zu Gewinnspielen sowie die Herstellung des Benehmens und die Durchführung des Erfahrungsaustauschs mit der Arbeitsgemeinschaft der öffentlich-rechtlichen Rundfunkanstalten der Bundesrepublik Deutschland (ARD) und dem Zweiten Deutschen Fernsehen (ZDF) (§ 46 RStV),
3. Abstimmung über den Erlass gemeinsamer Satzungen und Richtlinien zur Plattformregulierung (§ 53 RStV),

---

1 Hinweis: In diesem Anhang werden Auszüge aus der zum Zeitpunkt der Drucklegung aktuellen Fassung des ALM-Statuts vom 17. März 2010 abgedruckt. Der Autor bezieht sich hingegen auf eine ältere Fassung vom 9. Oktober 2008, die zum Zeitpunkt der Entstehung seines Gutachtens aktuell war.

4. Abstimmung über den Erlass übereinstimmender Satzungen und Richt-linien zur Durchführung des Jugendmedienschutz-Staatsvertrages (JMStV), ferner die Herstellung des Benehmens mit der ARD und dem ZDF sowie die Durchführung des Erfahrungsaustauschs mit der ARD, dem ZDF und der Kommission für Jugendmedienschutz (KJM) in der Anwendung des Jugendmedienschutzes (§ 15 Abs. 2 JMStV).

(...)

§ 3 Gremien der ALM

(1) Die ALM arbeitet, über die gesetzlich normierten Aufgaben in den Organen nach § 35 Abs. 2 RStV hinaus, zusammen in Form einer
1. Gesamtkonferenz (GK), bestehend aus den Vorsitzenden der Beschluss-gremien sowie den gesetzlichen Vertreterinnen und Vertretern, ggf. den Geschäftsführerinnen sowie Geschäftsführern der Mitgliedsanstalten, die sie im Rahmen ihrer gesetzlichen Befugnisse vertreten; die Vorsitzenden der Organe sind teilnahmeberechtigt (Präsidenten/Präsidentinnen, Direk-toren/Direktorinnen, nachfolgend Direktoren).
2. Gremienvorsitzendenkonferenz (GVK) ,
3. Direktorenkonferenz (DLM), an der die gesetzlichen Vertreterinnen/Vertreter, ggf. die Geschäftsführerin oder der Geschäftsführer der Mit-gliedsanstalten teilnehmen.

(2) In der GK werden Angelegenheiten behandelt, die für das duale Rund-funksystem von grundsätzlicher medienpolitischer Bedeutung sind. Sie ist mindestens ein Mal jährlich einzuberufen. Im Übrigen ist eine Angelegen-heit zu behandeln, wenn mindestens vier Mitgliedsanstalten dies beantragen. Sie wirkt bei Kompetenzstreitigkeiten unter den Organen auf eine Einigung hin.

(3) In der GVK werden über die Angelegenheiten gemäß § 36 Abs. 3 Satz 1 RStV hinaus solche Angelegenheiten behandelt, die in der Medienpolitik und für die Zusammenarbeit der Landesmedienanstalten von Bedeutung sind. Dazu gehören insbesondere auch Fragen der Programmentwicklung und der Analyse nach § 2 Abs. 1 Nr. 5.

(4) In der DLM werden die der Arbeitsgemeinschaft zugewiesenen Aufga-ben nach § 2 Abs. 1 und 2 behandelt. Absätze 2 und 3 bleiben unberührt.

(5) Die DLM, die ZAK und die KJM unterrichten die GVK fortlaufend über ihre Tätigkeiten. Sie beziehen die GVK in grundsätzlichen Angelegenheiten, insbesondere bei Erstellung von Satzungen und Richtlinienentwürfen, ein (§ 36 Abs. 3 RStV, § 15 Abs. 1 JMStV). Die GVK kann die DLM mit programmlichen Angelegenheiten, die für die Zusammenarbeit der Landesmedienanstalten von Bedeutung sind, befassen, auch soweit eine Entscheidungskompetenz anderer Organe der Landesmedienanstalten besteht. Die DLM berichtet über das Ergebnis der Befassung.

(...)

Landesmediengesetze

Landesmediengesetz Baden-Württemberg

§ 29 Rechtsform und Organe

(...)

(2) Organe der Landesanstalt sind der Vorstand und der Medienrat. Weitere Organe sind die Kommission für Zulassung und Aufsicht, die Gremienvorsitzendenkonferenz, die Kommission zur Ermittlung der Konzentration im Medienbereich sowie die Kommission für Jugendmedienschutz nach den Vorschriften des Rundfunkstaatsvertrags und des JugendmedienschutzStaatsvertrages in ihrer jeweils geltenden Fassung.

(...)

§ 42 Aufgaben des Medienrats

(1) Der Medienrat nimmt insbesondere Aufgaben zur Gewährleistung der Meinungsvielfalt und des Schutzes von Kindern und Jugendlichen im Bereich des Rundfunks wahr.

(2) Der Zustimmung des Medienrats bedürfen folgende Entscheidungen des Vorstands:

1. die Zuweisung von Übertragungskapazitäten und deren Verlängerung nach § 20 Abs. 5, § 21 Abs. 6, § 24 Abs. 4 Satz 1 und § 27 Abs. 6 sowie deren Rücknahme und Widerruf;
2. die Auswahlentscheidung nach § 27 Abs. 4 Satz 4 und 5;
3. der Erlass von Richtlinien und Entscheidungen für den Einzelfall für beschränkende oder erweiternde Ausnahmen von den Zeitgrenzen für die Ausstrahlung bestimmter Sendungen im Zusammenhang mit dem Jugendschutz nach § 4 Abs. 1 in Verbindung mit den Vorschriften des Jugendmedienschutz-Staatsvertrages.

(3) Stimmt der Medienrat einer Entscheidung des Vorstands nach Absatz 2 nicht zu, hat er zugleich einen Vorschlag für die Entscheidung zu unter-

breiten. Die Zustimmung des Medienrats gilt als erteilt, wenn der Vorstand entsprechend dem Vorschlag des Medienrats entscheidet.

(4) Der Medienrat hat die Aufgabe, den Vorstand zu unterrichten und Maßnahmen vorzuschlagen, wenn er zu der Auffassung kommt, dass im privaten Rundfunk Vorschriften dieses Gesetzes, insbesondere die Bestimmungen zur Sicherung der Meinungsvielfalt, nicht eingehalten sind. Der Vorstand ist an die Beurteilung des Medienrats gebunden, dass Bestimmungen zur Sicherung der Meinungsvielfalt nicht eingehalten sind.

(5) Der Medienrat soll Empfehlungen zur Medienpädagogik herausgeben. Er nimmt dazu Stellung, ob eine verbreitete Sendung geeignet ist, das körperliche, geistige oder seelische Wohl von Kindern und Jugendlichen zu beeinträchtigen oder ob die mögliche sittliche Gefährdung von Kindern und Jugendlichen als schwer anzusehen ist (§ 4 Abs. 1 in Verbindung mit den Bestimmungen des Jugendmedienschutz-Staatsvertrages); der Vorstand ist an die Stellungnahme des Medienrats gebunden.

(6) Der Medienrat beschließt den Haushaltsplan. Der Entwurf des Haushaltsplans wird vom Vorstand rechtzeitig vor Beginn des Haushaltsjahres aufgestellt und dem Medienrat zugeleitet. Über- und außerplanmäßige Ausgaben bedürfen der Einwilligung des Medienrats. Der Medienrat beschließt die Jahresrechnung, wählt den Prüfer gemäß § 46 Abs. 2 Satz 7 und bestimmt den Umfang der Prüfung. Er entlastet den Vorstand.

(7) In jeder Sitzung des Medienrats wird dieser vom Vorsitzenden des Vorstands über alle wichtigen Vorkommnisse und geplanten wichtigen Entscheidungen unterrichtet. Der Medienrat kann hierzu Stellung nehmen.

§ 43 Sitzungen des Medienrats

(1) Der Medienrat tritt mindestens einmal in jedem Vierteljahr zu einer ordentlichen Sitzung zusammen. Auf Verlangen von zehn Mitgliedern oder des Vorstands ist eine außerordentliche Sitzung einzuberufen. Zur konstituierenden Sitzung lädt der Vorsitzende des Vorstands ein.

(2) Die Mitglieder des Vorstands haben das Recht, mit beratender Stimme an den Sitzungen des Medienrats teilzunehmen. Auf Antrag des Vorsitzenden des Vorstands ist eine Angelegenheit auf die Tagesordnung zu setzen und vom Medienrat zu behandeln.

§ 44 Rechtsstellung der Mitglieder des Medienrats

(1) Die Mitglieder des Medienrats haben bei Wahrnehmung ihrer Aufgaben die Interessen der Allgemeinheit zu vertreten. Sie sind in ihrer Amtsführung an Aufträge oder Weisungen nicht gebunden.

(2) Die Mitglieder des Medienrats dürfen nicht gleichzeitig einer obersten Behörde der Europäischen Gemeinschaft, des Bundes oder eines Landes angehören. Im Übrigen gelten § 34 Abs. 4 Nr. 2 bis 5 entsprechend mit der Maßgabe, dass die Vertreter nach § 41 Abs. 2 dem Landtag von Baden-Württemberg angehören dürfen. Tritt ein Ausschlussgrund nach Satz 1 oder Satz 2 bei einem Mitglied ein, scheidet es aus dem Medienrat aus. Der Medienrat stellt das Vorliegen eines Ausschlussgrundes fest. §§ 20 und 21 LVwVfG bleiben unberührt.

(3) Die Mitglieder des Medienrats üben ihre Tätigkeit ehrenamtlich aus. Sie erhalten eine Sitzungsvergütung, Tage- und Übernachtungsgeld nach dem Landesreisekostengesetz und Ersatz der notwendigen Fahrkosten, der Vorsitzende und seine Stellvertreter außerdem eine monatliche Aufwandsentschädigung. Die Höhe der Sitzungsvergütung und der Aufwandsentschädigung wird auf Vorschlag des Vorstands vom Medienrat festgelegt; sie bedarf der Zustimmung des Staatsministeriums. Daneben kann eine Entschädigung für nachgewiesenen Verdienstausfall in entsprechender Anwendung des § 2 Abs. 2 des Gesetzes über die Entschädigung ehrenamtlicher Richter gewährt werden.

§ 45 Vorsitz, Verfahren

(1) Der Medienrat wählt aus seiner Mitte einen Vorsitzenden und zwei Stellvertreter für die Dauer der Amtszeit des Medienrats. § 41 Abs. 4 Satz 2 gilt entsprechend. Der Vorsitzende des Medienrats beruft die Sitzungen des Medienrats ein und leitet sie.

(2) Der Medienrat ist beschlussfähig, wenn alle Mitglieder geladen worden sind und mehr als die Hälfte der Mitglieder anwesend sind. Ist die Beschlussfähigkeit nicht gegeben, sind alle Mitglieder innerhalb einer angemessenen Frist unter Hinweis auf die Folgen für die Beschlussfähigkeit erneut zu laden. In der folgenden Sitzung ist der Medienrat beschlussfähig, wenn mindestens zehn Mitglieder anwesend sind. Ist eine Angelegenheit in der Ladung nach Satz 1 als eilbedürftig bezeichnet worden, kann der

Vorsitzende abweichend von Satz 2 bestimmen, dass über diese Angelegenheit im schriftlichen Verfahren Beschluss gefasst wird.

(3) Der Medienrat fasst seine Beschlüsse mit der Mehrheit der abgegebenen Stimmen, soweit nicht ausdrücklich etwas anderes bestimmt ist. Einem Beschluss müssen mindestens zehn Mitglieder zustimmen.

(4) Der Medienrat kann Sachverständige mit beratender Stimme zu seinen Sitzungen heranziehen, soweit dies zur Erfüllung der Aufgaben nach § 42 erforderlich ist. Die Sachverständigen erhalten Entschädigung, Ersatz von Aufwendungen und Ersatz der notwendigen Fahrtkosten in entsprechender Anwendung des Justizvergütungs- und entschädigungsgesetzes.

(5) Der Medienrat gibt sich mit einer Mehrheit von zwei Dritteln seiner Mitglieder eine Geschäftsordnung. Er kann beratende Ausschüsse bilden.

Art. 12 Medienrat

(1) Die Aufgaben der Landeszentrale werden durch den Medienrat wahrgenommen, soweit nicht der Verwaltungsrat oder der Präsident selbständig entscheiden.

(2) Der Medienrat wahrt die Interessen der Allgemeinheit, sorgt für Ausgewogenheit und Meinungsvielfalt und überwacht die Einhaltung der Programmgrundsätze. Er entscheidet im Rahmen dieses Gesetzes vor allem über

1. die Angelegenheiten von grundsätzlicher Bedeutung,
2. die Wahl der Mitglieder des Verwaltungsrats,
3. die Wahl des Präsidenten nach Anhörung des Verwaltungsrats,
4. die Zustimmung zum Haushalts- und zum Finanzplan sowie zum Jahresabschluss,
5. den Erlass von Satzungen nach Maßgabe dieses Gesetzes, soweit nicht der Verwaltungsrat zuständig ist, nach Maßgabe des § 53 des Rundfunkstaatsvertrags und nach Maßgabe der §§ 9 Abs. 2, 14 Abs. 7 und 15 Abs. 2 des Jugendmedienschutz-Staatsvertrags,
6. die Genehmigung von Angeboten,
7. den Erlass von Satzungen oder die Aufstellung von Richtlinien nach Maßgabe der §§ 33 und 46 des Rundfunkstaatsvertrags und nach Maßgabe des § 15 des Jugendmedienschutz-Staatsvertrags,
8. die Zustimmung zu dem vom Präsidenten bestimmten Geschäftsführer (Art. 15 Abs. 4 Satz 2),
9. die Fördermaßnahmen nach Art. 11 Satz 2 Nrn. 9 und 10 einschließlich der Aufstellung von Förderrichtlinien und die Maßnahmen nach Art. 11 Satz 2 Nr. 13,
10. die Zustimmung zu den Satzungen nach Art. 22 Abs. 2, Art. 23 Abs. 12, nach § 35 Abs. 10 und 11 des Rundfunkstaatsvertrags und nach Art. 5 Abs. 1 des Gesetzes zur Ausführung des Rundfunkstaatsvertrags und des Jugendmedienschutz-Staatsvertrags.

(3) Der Medienrat kann mit der Mehrheit von zwei Dritteln der Mitglieder seine Befugnisse mit Ausnahme derjenigen nach Abs. 2 Satz 2 Nrn. 2 bis 5 sowie 7, 8 und 10 beschließenden Ausschüssen oder dem Präsidenten übertragen; soweit für die Wahrnehmung dieser Befugnisse Satzungen oder

Richtlinien bestehen, kann er Befugnisse in Einzelfällen auf den Präsidenten übertragen. Diese Beschlüsse können von der Mehrheit der Mitglieder des Medienrats widerrufen werden. Von den auf Grund übertragener Befugnisse getroffenen Entscheidungen sind die Mitglieder des Medienrats zu unterrichten.

(4) Zur Vorbereitung seiner Beratungen soll der Medienrat beratende Ausschüsse bilden. Die Ausschüsse und der Medienrat können die vom jeweiligen Verhandlungsgegenstand betroffenen Anbieter anhören.

Art. 13 Mitglieder des Medienrats

(1) Der Medienrat setzt sich zusammen aus
1. zwölf Vertretern des Landtags, die dieser entsprechend dem Stärkeverhältnis der in ihm vertretenen Parteien und sonstigen organisierten Wählergruppen nach dem d'Hondtschen Verfahren bestimmt; jede Partei und sonstige organisierte Wählergruppe stellt mindestens einen Vertreter,
2. einem Vertreter der Staatsregierung,
3. je einem Vertreter der katholischen und evangelischen Kirche sowie der Israelitischen Kultusgemeinden,
4. je einem Vertreter der Gewerkschaften, des Bayerischen Bauernverbands, der Industrie- und Handelskammern und der Handwerkskammern,
5. je einem Vertreter des Bayerischen Städtetags, des Bayerischen Landkreistags und des Bayerischen Gemeindetags,
6. einem Vertreter des Bundes der Vertriebenen Landesverband Bayern,
7. fünf Frauen, von denen je eine von den Gewerkschaften, vom Bauernverband, von den katholischen und evangelischen kirchlichen Frauenorganisationen und vom Bayerischen Landessportverband zu benennen ist,
8. einem Vertreter des Bayerischen Jugendrings,
9. einem Vertreter des Bayerischen Landessportverbands,
10. je einem Vertreter der Schriftsteller-, der Komponisten- und der Musikorganisationen,
11. einem Vertreter der Intendanzen (Direktionen) der Bayerischen Staatstheater und einem Vertreter der Leiter der Bayerischen Schauspielbühnen,

12. je einem Vertreter des Bayerischen Journalistenverbands und des Bayerischen Zeitungsverlegerverbands,
13. einem Vertreter der bayerischen Hochschulen,
14. je einem Vertreter der Lehrerverbände, der Elternvereinigungen und der Organisationen der Erwachsenenbildung,
15. einem Vertreter des Bayerischen Heimattags,
16. einem Vertreter der Familienverbände,
17. einem Vertreter der Vereinigung der Bayerischen Wirtschaft,
18. einem Vertreter des Bundes Naturschutz in Bayern,
19. einem Vertreter des Verbands der freien Berufe.

Die entsendungsberechtigten Organisationen oder Stellen haben bei der Auswahl ihrer Vertreter auf eine gleichberechtigte Teilhabe von Frauen und Männern hinzuwirken.

(2) Die Mitglieder des Medienrats dürfen keine Sonderinteressen vertreten, die geeignet sind, die Erfüllung ihrer Aufgaben zu gefährden; sie sind an Aufträge nicht gebunden. Sie dürfen nicht zugleich Mitglied eines Organs einer öffentlich-rechtlichen Rundfunkanstalt, die unter Abs. 1 Nrn. 1, 3 bis 19 genannten Vertreter auch nicht Mitglieder der Staatsregierung sein.

(3) Die Mitglieder des Medienrats werden jeweils für fünf Jahre entsandt. Die Staatsregierung kann durch Rechtsverordnung das Auswahl- und Entsendungsverfahren in den Fällen regeln, in denen die Entsendung eines Mitglieds des Medienrats mehreren Organisationen oder Stellen obliegt. Die Amtszeit beginnt unbeschadet des Satzes 5 am 1. Mai. Die entsendende Organisation oder Stelle kann das von ihr benannte Mitglied bei seinem Ausscheiden aus dieser Organisation oder Stelle abberufen. Die Amtszeit der vom Landtag entsandten Mitglieder beginnt mit dem Zeitpunkt der Entsendung; sie endet mit der Entsendung der neuen Vertreter zu Beginn der nächsten Legislaturperiode. Der Landtag kann ein von ihm entsandtes Mitglied des Medienrats auf Vorschlag der Vertreter der Partei im Landtag, welche das Mitglied nominiert hat, abberufen, wenn das Mitglied nicht mehr dieser Partei angehört, und einen neuen Vertreter entsenden. Scheidet ein Mitglied während der Amtszeit aus, so wird der Nachfolger für den Rest der Amtszeit entsandt.

(4) Die Mitglieder des Medienrats sind ehrenamtlich tätig. Die Einzelheiten ihrer Aufwandsentschädigung regelt die Landeszentrale durch Satzung.

§ 7 Rechtsform, Organe

(...)

(2) Organe der Medienanstalt sind der Medienrat und der Direktor. Weitere Organe sind die Kommission für Zulassung und Aufsicht (ZAK), die Gremienvorsitzendenkonferenz (GVK), die Kommission zur Ermittlung der Konzentration im Medienbereich (KEK) sowie die Kommission für Jugendmedienschutz (KJM) nach den Vorschriften des Rundfunkstaatsvertrages und des Jugendmedienschutz-Staatsvertrages in ihrer jeweils geltenden Fassung.

(...)

§ 9 Zusammensetzung und Amtszeit des Medienrates

(1) Der Medienrat besteht aus sieben Mitgliedern, die auf Grund ihrer Erfahrung und ihrer Sachkunde in besonderer Weise befähigt sein sollen, die Aufgaben nach diesem Staatsvertrag wahrzunehmen.

(2) Die Mitglieder des Medienrates sind an Weisungen nicht gebunden.

(3) Die Mitglieder des Medienrates sind ehrenamtlich tätig. Sie erhalten eine Aufwandsentschädigung, die die Medienanstalt durch Satzung festlegt; die Satzung bedarf der Genehmigung der für die Rechtsaufsicht zuständigen Stellen.

(4) Die Amtszeit des Medienrates beträgt fünf Jahre. Sie beginnt mit dem Tag der konstituierenden Sitzung des Medienrates frühestens jedoch mit dem Ablauf der Amtsperiode des vorherigen Medienrates. Nach Ablauf der Amtszeit führt der Medienrat die Geschäfte bis zur Neuwahl weiter.

§ 10 Wahl des Medienrates

(1) Von den Mitgliedern des Medienrates werden je drei vom Brandenburger Landtag und vom Abgeordnetenhaus von Berlin jeweils mit einer Mehrheit von zwei Dritteln der gesetzlichen Mitgliederzahl gewählt. Ein weiteres

Mitglied, das zugleich den Vorsitz im Medienrat innehat, wird von beiden Länderparlamenten jeweils mit einer Mehrheit von zwei Dritteln ihrer gesetzlichen Mitgliederzahl gewählt.

(2) Scheidet ein Mitglied des Medienrates vorzeitig aus, so soll innerhalb von drei Monaten ein Nachfolger für die verbleibende Amtszeit gewählt werden.

(3) Die Mitgliedschaft im Medienrat endet unter den Voraussetzungen, unter denen ein Richterverhältnis nach § 24 des Deutschen Richtergesetzes endet. § 86 des Verwaltungsverfahrensgesetzes findet keine Anwendung.

§ 11 Unvereinbarkeiten

(1) Mitglied des Medienrates darf nicht sein, wer
1. einem Gesetzgebungsorgan des Bundes oder eines Landes, dem Senat von Berlin oder der Landesregierung von Brandenburg angehört oder als Beamter, Richter oder Arbeitnehmer im Dienst des Landes Berlin, des Landes Brandenburg oder einer landesunmittelbaren Anstalt, Körperschaft oder Stiftung dieser Länder steht,
2. Mitglied eines Organs einer öffentlich-rechtlichen Rundfunkanstalt ist oder bei einer öffentlich-rechtlichen Rundfunkanstalt oder einer ihrer Tochtergesellschaften beschäftigt ist oder diesen in sonstiger Weise angehört,
3. in der Bundesrepublik Deutschland zugelassener Rundfunkveranstalter ist oder in einem Beschäftigungsverhältnis zu einem Rundfunkveranstalter steht, dem Aufsichtsrat eines Veranstalters angehört oder Anteile an einem Unternehmen besitzt, das einem Veranstalter nach § 28 des Rundfunkstaatsvertrages zuzurechnen ist,
4. in sonstiger Weise einem Rundfunkveranstalter wirtschaftlich verbunden oder von diesem abhängig ist.

(2) Tritt ein Ausschlussgrund nach den vorgenannten Regelungen bei einem Mitglied des Medienrates nachträglich ein, so ist die Mitgliedschaft unverzüglich zu beenden. Legt das Mitglied sein Amt nicht nieder, so beschließt der Medienrat den Ausschluss.

§ 12 Aufgaben und Arbeitsweise des Medienrates

(1) Der Medienrat nimmt die Aufgaben der Medienanstalt wahr, soweit sie nicht gemäß § 14 dem Direktor übertragen sind.

(2) Der Medienrat tritt mindestens einmal im Vierteljahr zu einer ordentlichen Sitzung zusammen. Auf Verlangen jeden Mitgliedes ist eine außerordentliche Sitzung einzuberufen.

(3) Der Medienrat wählt aus seiner Mitte einen stellvertretenden Vorsitzenden. Entweder der Vorsitzende oder der stellvertretende Vorsitzende des Medienrates muss die Befähigung zum Richteramt haben.

(4) Beschlüsse des Medienrates bedürfen der Zustimmung von mindestens vier Mitgliedern. Die Zustimmung von mindestens fünf Mitgliedern ist erforderlich für Beschlüsse über die Vergabe von Übertragungsmöglichkeiten nach § 32 sowie die Wahl des Direktors gem. § 13 Abs. 1.

(5) Der Medienrat tagt in nichtöffentlichen Sitzungen. Der Direktor nimmt an den Sitzungen teil. Die die Rechtsaufsicht führende Stelle hat das Recht auf Teilnahme. Nähere Einzelheiten, insbesondere über die Fassung von Beschlüssen im Umlaufverfahren, regelt der Medienrat durch eine Geschäftsordnung.

§ 45 Aufgaben, Rechtsform und Organe

(...)

(3) Organe der Landesmedienanstalt sind der Landesrundfunkausschuss und die Direktorin oder der Direktor. Weitere Organe der Landesmedienanstalt sind die durch den Rundfunkstaatsvertrag und den Jugendmedienschutz-Staatsvertrag bestimmten Organe im Rahmen ihrer dort geregelten Aufgabenstellung.

§ 49 Zusammensetzung des Landesrundfunkausschusses

(1) Der Landesrundfunkausschuss besteht aus folgenden Mitgliedern, von denen fünfzig vom Hundert Frauen sein sollen:

1. acht Mitglieder werden von folgenden Organisationen entsandt:
   a) ein Mitglied durch die Evangelische Kirche,
   b) ein Mitglied durch die Katholische Kirche,
   c) ein Mitglied durch die Israelitische Gemeinde,
   d) ein Mitglied durch den Deutschen Gewerkschaftsbund,
   e) ein Mitglied durch die Unternehmensverbände im Lande Bremen,
   f) ein Mitglied durch den Landessportbund,
   g) ein Mitglied durch den Senat für die Stadtgemeinde Bremen und
   h) ein Mitglied durch den Magistrat für die Stadtgemeinde Bremerhaven.
2. Außerdem wird je ein Mitglied von den politischen Parteien und Wählervereinigungen entsandt, die in der Amtsperiode des Landesrundfunkausschusses vorangegangenen Bürgerschaftswahl auf Landesebene mindestens fünf vom Hundert der gültigen Stimmen erreicht haben.

(2) Außerdem gehören dem Landesrundfunkausschuss an
1. drei Mitglieder aus dem Bereich der Kammern oder anderen berufsständischen Organisationen,
2. vier Mitglieder aus dem Bereich der Kultur, der Jugend, der Bildung und der Erziehung und
3. sechs Mitglieder aus dem Bereich der sonstigen gesellschaftlich relevanten Organisationen.

(3) Die Amtsperiode des Landesrundfunkausschusses beträgt vier Jahre. Sie beginnt mit seinem ersten Zusammentritt. Nach Ablauf der Amtszeit führt der Landesrundfunkausschuss die Geschäfte bis zum Zusammentritt des neuen Landesrundfunkausschusses weiter.

(4) Die Mitglieder nach Absatz 2 werden von der Bremischen Bürgerschaft (Landtag) gewählt. Die Wahl erfolgt getrennt nach Absatz 2 Nr. 1 bis 3 aus einer Vorschlagsliste, die von den jeweiligen Gruppen, Organisationen und Verbänden eingereicht wird. Scheidet ein Mitglied aus dem Landesrundfunkausschuss vorzeitig aus, so ist für den Rest seiner Amtszeit ein Nachfolgemitglied zu wählen.

(5) Die in Absatz 1 genannten Organisationen und Parteien haben das Recht, während der Amtsperiode des Landesrundfunkausschusses das von ihnen entsandte Mitglied abzuberufen und für den Rest der Amtsperiode ein anderes Mitglied zu entsenden.

(6) Solange und soweit Vertreter in den Landesrundfunkausschuss nicht entsandt werden oder ein Mitglied ausgeschieden und noch kein Nachfolger bestimmt ist, verringert sich die Mitgliederzahl des Landesrundfunkausschusses entsprechend.

(7) Die Mitglieder des Landesrundfunkausschusses müssen ihre Hauptwohnung in der Freien Hansestadt Bremen haben. Mindestens drei Mitglieder nach Absatz 2 müssen ihre Hauptwohnung in der Stadtgemeinde Bremerhaven haben, ferner müssen unter den Mitgliedern nach Absatz 2 mindestens ein Vertreter der Jugendverbände und ein Vertreter der ausländischen Bevölkerung sein.

§ 50 Mitgliedschaft, persönliche Voraussetzungen

(1) Den Organen der Landesmedienanstalt dürfen nicht angehören:
1. Angehörige der gesetzgebenden oder beschließenden Organe der Europäischen Gemeinschaften, des Europarates, des Bundes oder eines Landes, es sei denn, sie sind nach § 49 Abs. 1 Nr. 2 entsandt,
2. Mitglieder der Bundesregierung, einer Landesregierung und Bedienstete einer obersten Bundes- oder Landesbehörde,
3. Mitglieder des Organs einer öffentlich-rechtlichen Rundfunkanstalt oder Personen, die in einem Arbeits- oder Dienstverhältnis oder in einem arbeitnehmerähnlichen Verhältnis zu einer öffentlich-rechtlichen Rundfunkanstalt stehen,

4. Anbieter von Rundfunkprogrammen und vergleichbaren Telemedien oder Betreiber einer Kabelanlage, die an ihnen Beteiligten, die zu ihnen in einem Dienst- oder Arbeitsverhältnis stehenden Personen oder freie Mitarbeiter,

5. Geschäftsunfähige, beschränkt Geschäftsfähige, Personen, für die ein Betreuer bestellt ist, oder

6. Personen, die die Fähigkeit, öffentliche Ämter zu bekleiden, Rechte aus öffentlichen Wahlen zu erlangen oder in öffentlichen Angelegenheiten zu wählen oder zu stimmen, durch Richterspruch verloren haben oder das Grundrecht der freien Meinungsäußerung nach Artikel 18 des Grundgesetzes verwirkt haben.

(2) Tritt nachträglich einer der in Absatz 1 genannten Ausschlussgründe ein, scheidet das betroffene Mitglied des Landesrundfunkausschusses aus oder endet das Amt des Direktors oder der Direktorin.

(3) Feststellungen über die Ausschlussgründe nach den Absätzen 1 und 2 trifft der Landesrundfunkausschuss.

§ 51 Aufgaben und Arbeitsweise des Landesrundfunkausschusses, Kostenerstattung

(1) Der Landesrundfunkausschuss nimmt die Aufgaben der Medienanstalt wahr, soweit sie nicht dem Direktor übertragen sind.

(2) Der Landesrundfunkausschuss wählt aus seiner Mitte ein vorsitzführendes Mitglied und ein Mitglied für dessen Stellvertretung.

(3) Die Mitglieder des Landesrundfunkausschusses sind ehrenamtlich tätig. Sie haben Anspruch auf Zahlung von Sitzungsgeldern und auf Ersatz von Reisekosten einschließlich von Fahrtkostenpauschalen und auf Tages- und Übernachtungsgeld in gleicher Höhe wie die Mitglieder des Rundfunkrates von „Radio Bremen".

(4) Der Landesrundfunkausschuss gibt sich eine Geschäftsordnung.

(5) Die Sitzungen des Landesrundfunkausschusses werden nach Bedarf von dem vorsitzführenden Mitglied einberufen. Auf Antrag von mindestens einem Viertel der Mitglieder und auf Antrag der Direktorin oder des Direktors muss der Landesrundfunkausschuss einberufen werden. Der Antrag muss den Beratungsgegenstand angeben. Der Landesrundfunkausschuss

tagt in nichtöffentlicher Sitzung. Er kann in öffentlicher Sitzung tagen. Die Direktorin oder der Direktor nimmt an den Beratungen des Landesrundfunkausschusses mit beratender Stimme teil. Die Teilnahme anderer Personen ist durch die Geschäftsordnung zu regeln.

(6) Der Landesrundfunkausschuss ist beschlussfähig, wenn alle Mitglieder des Landesrundfunkausschusses nach näherer Bestimmung der Geschäftsordnung geladen worden sind und mindestens 10 Mitglieder anwesend sind.

(7) Ist der Landesrundfunkausschuss beschlussunfähig, sind alle Mitglieder innerhalb angemessener Frist mit der gleichen Tagesordnung erneut zu laden. In der folgenden Sitzung ist der Landesrundfunkausschuss unabhängig von der Zahl der Erschienenen beschlussfähig.

(8) Der Landesrundfunkausschuss fasst seine Beschlüsse mit der einfachen Mehrheit der abgegebenen Stimmen. Beschlüsse über die Erteilung, die Rücknahme und den Widerruf einer Zulassung, über die Rücknahme und den Widerruf einer Zuweisung von Übertragungskapazitäten, und über eine Untersagung nach § 38 sowie die Wahl der Direktorin oder des Direktors bedürfen der Zustimmung der Mehrheit der Mitglieder. Beschlüsse über die Abberufung der Direktorin oder des Direktors bedürfen der Zustimmung von zwei Dritteln der Mitglieder.

§ 38 Aufgabe, Rechtsform und Organe

(...)

(4) Organe der Anstalt sind
1. der Medienrat,
2. der Direktor.

Als weitere Organe dienen der Anstalt nach Maßgabe der Vorschriften des Rundfunkstaatsvertrages und des Jugendmedienschutz-Staatsvertrages die Kommission für Zulassung und Aufsicht (ZAK), die Gremienvorsitzenden-konferenz (GVK), die Kommission zur Ermittlung der Konzentration im Medienbereich (KEK) und die Kommission für Jugendmedienschutz (KJM).

(5) Die Anstalt gibt sich eine Satzung. Diese regelt Einzelheiten der Aufgaben des Medienrats und des Direktors, soweit die Angelegenheiten nicht im Einzelnen in diesem Staatsvertrag bestimmt sind.

§ 39 Aufgaben des Medienrats

(1) Der Medienrat überwacht die Einhaltung dieses Staatsvertrages und der für die privaten Rundfunkveranstalter geltenden Bestimmungen des Rundfunkstaatsvertrages.

(2) Der Medienrat nimmt die Aufgaben der Anstalt wahr, soweit sie nicht gemäß § 47 dem Direktor übertragen sind. Der Medienrat hat insbesondere folgende Aufgaben:
1. Erteilung, Rücknahme oder Widerruf der Zulassung,
2. Feststellung von Verstößen gegen die Anforderungen dieses Staatsvertrages, wobei die Aufsicht über die Programmaufgabe unter Beachtung des Beurteilungsspielraums gemäß § 3 Absatz 1 Satz 3 erfolgt,
3. Entscheidungen über Anerkennungen sowie Aufsichtsmaßnahmen gemäß § 5 Abs. 2 dieses Staatsvertrages in Verbindung mit § 19 Absatz 4 und § 20 Absatz 1 des Jugendmedienschutz-Staatsvertrages,
4. Entscheidung über die Zuweisung von Übertragungskapazitäten,
5. Entscheidung über die Untersagung der Weiterverbreitung,
6. Entscheidung über die Rangfolge in Kabelanlagen,

7. Feststellung des Haushaltsplans und Genehmigung des Jahresabschlusses der Anstalt sowie Entlastung des Direktors,
8. Feststellung eines jährlichen Rechenschaftsberichts,
9. Wahl und Abberufung des Direktors sowie Abschluss und Auflösung seines Dienstvertrages,
10. Zustimmung zur Einstellung, Eingruppierung und Entlassung der Bediensteten der Anstalt in den vom Medienrat vorbehaltenen Fällen,
11. Erlass von Satzungen und Richtlinien sowie Entscheidung über den Erlass von Satzungen oder Richtlinien der Landesmedienanstalten; Satzungen sind bekannt zu machen,
12. Zustimmung zu Rechtsgeschäften, bei denen Verpflichtungen im Werte von mehr als 100.000 Euro eingegangen werden,
13. Entscheidungen über Aufsichtsmaßnahmen über Telemedien nach § 38 Abs. 6 Satz 1, 1. Halbsatz und über Ordnungswidrigkeiten gemäß § 51 sowie über die Verwendung der Einnahmen aus Bußgeldern,
14. Entscheidung über die Förderung nach § 38 Abs. 2 Satz 2 Nr. 6 und über diesbezügliche Förderrichtlinien.

(3) In Zweifelsfällen hinsichtlich der Aufgabenverteilung zwischen dem Medienrat und dem Direktor entscheidet der Medienrat.

§ 40 Aufsicht

(1) Der Medienrat kann feststellen, dass durch ein Rundfunkprogramm, durch einzelne Sendungen und Beiträge, durch die Weiterverbreitung von Rundfunkprogrammen, durch Inhalte von Telemedien oder sonst gegen diesen Staatsvertrag, den Rundfunkstaatsvertrag, den Jugendmedienschutz-Staatsvertrag, die Zulassung oder die Zuweisung verstoßen wird und Maßnahmen oder Unterlassungen vorsehen; § 5 bleibt unberührt. Die Aufsicht über die Programmaufgabe erfolgt unter Beachtung des Beurteilungsspielraums gemäß § 3 Absatz 1 Satz 3 (Missbrauchsaufsicht).

(2) Bei einem Verstoß weist der Direktor den Anbieter, den für das Rundfunkprogramm, die Sendung oder den Beitrag Verantwortlichen oder den Betreiber der Kabelanlage an, den Rechtsverstoß durch die vom Medienrat oder von ihm vorgesehenen Maßnahmen oder Unterlassungen zu beseitigen; bei einem Widerspruch erlässt er den Widerspruchsbescheid nach Vorgabe des Medienrats.

(3) Hat die Anstalt bereits einen Rechtsverstoß nach Absatz 1 beanstandet, so kann sie bei Fortdauer des Rechtsverstoßes oder bei einem weiteren Rechtsverstoß zusammen mit der Anweisung nach Absatz 2 das Ruhen der Zulassung bis zu vier Wochen anordnen. In schwerwiegenden Fällen kann die Anstalt die Zulassung entziehen; eine Entschädigung findet nicht statt.

(4) Der Rundfunkveranstalter, der für das Rundfunkprogramm, die Sendung oder den Beitrag Verantwortliche und der Betreiber der Kabelanlage haben der Anstalt die zur Wahrnehmung der Aufsicht erforderlichen Auskünfte zu erteilen und entsprechende Unterlagen vorzulegen. Der Auskunftspflichtige kann die Auskunft auf solche Fragen verweigern, deren Beantwortung ihn selbst oder einen der in § 383 Absatz 1 Nummern 1 bis 3 der Zivilprozessordnung bezeichneten Angehörigen der Gefahr strafrechtlicher Verfolgung oder eines Verfahrens nach dem Gesetz über Ordnungswidrigkeiten aussetzen würde.

§ 41 Zusammensetzung des Medienrats

(1) Der Medienrat besteht aus vierzehn Mitgliedern. Sie sollen als Sachverständige besondere Eignung auf dem Gebiet der Medienpädagogik, Medienwissenschaft, des Journalismus, der Rundfunktechnik, der Medienwirtschaft oder sonstiger Medienbereiche nachweisen. Zwei Mitglieder müssen die Befähigung zum Richteramt haben. Frauen sind angemessen zu berücksichtigen.

(2) Für den Fall der nicht nur vorübergehenden Verhinderung eines Mitgliedes wird in den Ländern jeweils ein Ersatzmitglied gewählt.

§ 42 Wahl des Medienrats

(1) Sieben Mitglieder des Medienrats werden in Hamburg durch die Bürgerschaft und sieben Mitglieder in Schleswig-Holstein durch den Landtag gewählt; eine einmalige Wiederwahl ist zulässig.

(2) Für die Wahl der Mitglieder des Medienrats ist jeweils jede gesellschaftlich relevante Gruppe, Organisation oder Vereinigung mit Sitz im jeweiligen Land vorschlagsberechtigt. Jeder Vorschlag muss eine Frau und einen Mann benennen. Diese Anforderung entfällt nur dann, wenn der Gruppe, Organisation oder Vereinigung auf Grund ihrer Zusammensetzung

die Benennung einer Frau oder eines Mannes regelmäßig oder im Einzelfall nicht möglich ist; dies ist im Vorschlag schriftlich zu begründen.

(3) Die Präsidenten der Landesparlamente geben den Zeitpunkt für die Einreichung von Vorschlägen spätestens sechs Monate vor Ablauf der Amtszeit des bisherigen Medienrates im jeweiligen amtlichen Verkündungsblatt bekannt. Die Vorschläge sind bis spätestens drei Monate vor Ablauf der Amtszeit des bisherigen Medienrats für die hamburgischen Mitglieder bei der Bürgerschaft oder für die schleswig-holsteinischen Mitglieder beim Landtag einzureichen. Bei einer Überschreitung dieser Frist findet eine Wiedereinsetzung in den vorigen Stand nicht statt. In dem Vorschlag ist darzulegen, dass die Vorgeschlagenen die Eignung nach § 41 haben und dass keine Unvereinbarkeit nach § 43 besteht.

(4) In Hamburg erfolgt die Wahl auf Grund von Wahlvorschlägen der Fraktionen im Wege der Blockwahl. Das Bestimmungsrecht der Fraktionen für die Wahlvorschläge wird in der Weise ausgeübt, dass jeder Fraktion in der Reihenfolge der Fraktionsstärken zunächst das Vorschlagsrecht für ein Mitglied zusteht. Im Übrigen ist das Stärkeverhältnis der Fraktionen nach dem Hare/Niemeyer-Verfahren maßgebend.

(5) In Schleswig-Holstein erfolgt die Wahl durch den Landtag mit einer Mehrheit von zwei Dritteln seiner Mitglieder.

(6) Gruppen, Organisationen oder Vereinigungen, die einen Vorschlag eingereicht haben, dürfen je Land nur jeweils mit einer Person im Medienrat vertreten sein.

(7) Scheidet ein Mitglied vorzeitig aus, folgt das Ersatzmitglied des betroffenen Landes für den Rest der Amtszeit nach. Der Medienrat teilt dem jeweiligen Präsidenten des Landesparlamentes das Ausscheiden des Mitgliedes mit.

§ 43 Persönliche Voraussetzungen

Mitglied des Medienrats kann nicht sein, wer
1. den gesetzgebenden oder beschließenden Organen der Europäischen Gemeinschaften, des Europarates, des Bundes oder eines der Länder angehört oder Bediensteter einer obersten Bundes- oder Landesbehörde oder einer Gebietskörperschaft ist,

2. Mitglied eines Organs, Bediensteter, ständiger freier Mitarbeiter einer öffentlich-rechtlichen Rundfunkanstalt ist,
3. Rundfunkveranstalter oder Betreiber einer Kabelanlage oder einer anderen technischen Übertragungseinrichtung ist, zu ihnen in einem Dienst- oder Arbeitsverhältnis steht, von ihnen auf sonstige Weise wirtschaftlich abhängig oder an ihnen mehrheitlich beteiligt ist,
4. wirtschaftliche oder sonstige Interessen hat, welche die Erfüllung der Aufgaben als Mitglied des Medienrats gefährden.

Die Präsidenten der Landesparlamente stellen jeweils fest, ob einer der nach Satz 1 mit einer Mitgliedschaft unvereinbaren Gründe vorliegt; tritt ein Hinderungsgrund während der Amtszeit ein oder wird er erst während der Amtszeit bekannt, so endet die Mitgliedschaft mit der entsprechenden Feststellung durch den Präsidenten des jeweiligen Landesparlaments.

§ 44 Amtszeit, Rechtsstellung und Vorsitz

(1) Die Amtszeit des Medienrats beträgt fünf Jahre und beginnt mit seinem ersten Zusammentritt. Nach Ablauf der Amtszeit führt der Medienrat die Geschäfte bis zum Zusammentritt des neuen Medienrats weiter.

(2) Die Mitglieder des Medienrats sind ehrenamtlich tätig. Sie sind an Aufträge und Weisungen nicht gebunden. Sie erhalten ein Sitzungsgeld, das die Anstalt durch Satzung festlegt; die Satzung bedarf der Genehmigung der für die Genehmigung des Haushaltplans zuständigen Behörde. Die Reisekostenerstattung erfolgt unter Berücksichtigung des Bundesreisekostenrechts.

(3) Der Medienrat wählt seinen Vorsitzenden und dessen Stellvertreter. Der Medienrat kann seinen Vorsitzenden und dessen Stellvertreter abberufen. Nach Beendigung der Amtszeit des Vorsitzenden und bis zur Neuwahl nimmt das älteste Mitglied des Medienrats die Aufgaben des Vorsitzenden wahr.

§ 45 Sitzungen

(1) Der Medienrat tritt mindestens einmal im Vierteljahr zu einer ordentlichen Sitzung zusammen. Auf Verlangen von drei Mitgliedern ist eine außerordentliche Sitzung einzuberufen. Die Sitzungen sind nicht öffentlich.

Der Direktor und sein Stellvertreter nehmen an den Sitzungen des Medienrates teil.

(2) Die Regierungen der Länder sind berechtigt, zu den Sitzungen des Medienrates und seiner Ausschüsse Vertreter zu entsenden. Diese Vertreter sind jederzeit zu hören.

§ 46 Beschlüsse

(1) Der Medienrat ist beschlussfähig, wenn alle Mitglieder ordnungsgemäß geladen worden sind und mindestens neun Mitglieder anwesend sind.

(2) Der Medienrat fasst seine Beschlüsse grundsätzlich mit der einfachen Mehrheit seiner Mitglieder. Für Beschlüsse nach § 39 Absatz 2 Satz 2 Nummern 1, 4, 7 bis 9 und 10 sowie § 44 Absatz 3 Sätze 1 und 2 ist die Mehrheit von zwei Dritteln der Mitglieder des Medienrates erforderlich.

(3) Beschlussvorlagen sind den Mitgliedern und der für die Rechtsaufsicht zuständigen Behörde mindestens eine Woche vor der Sitzung vorzulegen. Maßgeblich ist der tatsächliche Eingang der Unterlagen. Die Unterlagen gelten am dritten Tag nach der Aufgabe zur Post als zugegangen, es sei denn, dass diese nicht oder zu einem späteren Zeitpunkt zugegangen sind. Der Tag der Aufgabe zur Post ist in den Akten zu vermerken. In besonders dringenden Fällen kann der Medienrat mit der Mehrheit gemäß Absatz 2 Satz 2 Ausnahmen beschließen.

(4) Der Medienrat kann den Vorsitzenden und dessen Stellvertreter mit den für die jeweiligen Beschlüsse geltenden Mehrheiten ermächtigen, gemeinsam in dringenden Angelegenheiten, in denen ein Beschluss des Medienrates nicht kurzfristig herbeigeführt werden kann, Beschlüsse für den Medienrat zu fassen. Der Medienrat ist in seiner nächsten Sitzung über die Beschlüsse zu unterrichten; er kann sie mit der einfachen Mehrheit der abgegebenen Stimmen aufheben.

(5) Das Nähere regelt die Satzung.

§ 48 Rechtsform und Organe

(...)

(3) Organe der Landesanstalt sind
1. die Versammlung,
2. der Direktor.

(...)

§ 49 Zusammensetzung und Amtszeit der Versammlung

(1) Die Versammlung vertritt innerhalb ihres Zuständigkeitsbereiches die Interessen der Allgemeinheit. Zur Anstaltsversammlung entsenden einen Vertreter:
1. die evangelischen Kirchen,
2. die katholische Kirche,
3. der Landesverband der jüdischen Gemeinden in Hessen,
4. der Landessportbund Hessen,
5. der LandesFrauenRat Hessen,
6. der Deutsche Gewerkschaftsbund und die Gewerkschaft Erziehung und Wissenschaft,
7. die Deutsche Angestellten-Gewerkschaft und die IG Medien, Druck und Papier, Publizistik und Kunst,
8. der Hessische Journalistenverband,
9. der Deutsche Beamtenbund,
10. die Vereinigung der hessischen Unternehmerverbände,
11. die Arbeitsgemeinschaft hessischer Industrie- und Handelskammern,
12. der Verband freier Berufe in Hessen,
13. der Landesverband des hessischen Einzelhandels,
14. der Hessische Bauernverband,
15. der Hessische Handwerkstag,
16. der Landesmusikrat Hessen,
17. die Vorstände der anerkannten Naturschutzverbände,
18. die Vorstände des Sozialverbandes VdK Hessen, des Reichsbundes der Kriegsopfer, Behinderten, Sozialrentner und Hinterbliebenen und des

Verbandes der Heimkehrer, Kriegsgefangenen und Vermisstenangehörigen Deutschlands,

19. der Landeselternbeirat,
20. der Bund der Vertriebenen – Landesverband Hessen,
21. der Deutsche Kinderschutzbund,
22. der Hessische Jugendring,
23. die Arbeitsgemeinschaft der Verbraucherverbände,
24. die Arbeitsgemeinschaft der Ausländerbeiräte Hessen,
25. die Liga der Freien Wohlfahrtspflege in Hessen,
26. fünf Abgeordnete des Landtags, die von diesem nach den Grundsätzen der Verhältniswahl gewählt werden.

(2) In die Versammlung darf nicht entsandt werden, wer

1. Mitglied eines Organs, Bediensteter oder ständiger freier Mitarbeiter einer öffentlich-rechtlichen Rundfunkanstalt ist,
2. Anbieter eines Rundfunkprogramms oder Betreiber einer Kabelanlage ist, zu ihnen in einem Dienst- oder Arbeitsverhältnis steht, von ihnen in sonstiger Weise abhängig oder an ihnen beteiligt ist.

(3) Die Zahl der Stimmen, die die Vorstände der in Abs. 1 Satz 2 Nrn. 17 und 18 genannten Organisationen bei der Entsendung haben, entspricht der Zahl der durch die Organisation vertretenen Mitglieder.

(4) Die Landesregierung kann durch Rechtsverordnung das Nähere über das in Abs. 1 Satz 2 und Abs. 3 vorgesehene Verfahren der Entsendung regeln.

(5) Der Vorsitzende der Versammlung stellt die ordnungsgemäße Entsendung der Mitglieder der Versammlung fest.

(6) Die Amtszeit der Mitglieder der Versammlung beträgt vier Jahre. Die Mitglieder der Versammlung sind an Aufträge und Weisungen nicht gebunden. Sie können von den Stellen, die sie entsandt oder vorgeschlagen haben, abberufen werden. Mit dem Ausscheiden aus der entsendenden Organisation scheidet das Mitglied aus der Versammlung aus.

(7) Die Mitglieder der Versammlung sind ehrenamtlich tätig. Sie haben Anspruch auf Aufwandsentschädigung und auf Erstattung der Auslagen, die ihnen durch ihre Tätigkeit entstehen.

(8) Scheidet ein Mitglied der Versammlung aus, ist nach den für die Berufung des ausgeschiedenen Mitglieds geltenden Regelungen ein Nachfolger für den Rest der Amtszeit zu entsenden.

§ 50 Beschlüsse

(1) Die Versammlung fasst ihre Beschlüsse mit einfacher Mehrheit. Sie ist beschlussfähig, wenn mindestens die Hälfte ihrer Mitglieder anwesend ist. Die Zahl der anwesenden Mitglieder ist für die Beschlussfähigkeit ohne Bedeutung, wenn die Versammlung wegen Beschlussunfähigkeit zum zweiten Male zur Behandlung desselben Gegenstandes eingeladen ist; bei der zweiten Einladung ist hierauf hinzuweisen.

(2) Solange und soweit Mitglieder in die Versammlung nicht entsandt werden, verringert sich deren Mitgliederzahl entsprechend.

(3) Die Versammlung wählt für die Dauer ihrer Amtszeit aus ihrer Mitte einen Vorsitzenden und zwei Stellvertreter.

(4) Die oberste Landesbehörde ist berechtigt, zu den Sitzungen der Versammlung einen Vertreter zu entsenden. Der Vertreter ist jederzeit zu hören.

§ 51 Zuständigkeit der Versammlung

(1) Die Versammlung ist zuständig,
1. über die Zulassung, deren Widerruf und Rücknahme zu entscheiden,
2. den Direktor der Anstalt zu wählen, abzuberufen und seine Vergütung festzulegen,
3. die Satzung über die innere Ordnung der Landesanstalt zu erlassen. Die Satzung bedarf zu ihrer Gültigkeit einer Mehrheit von zwei Dritteln der Stimmen,
4. die Pflichten der Antragsteller und der zugelassenen Rundfunkveranstalter durch Satzung zu bestimmen,
5. Gebühren für Amtshandlungen und die Erstattung von Auslagen durch Satzung zu regeln,
6. über die Einrichtung und Förderung nichtkommerziellen lokalen Hörfunks, Offener Kanäle und sonstiger Projekte zur Förderung der Medienkompetenz (§ 57 Abs. 2 Satz 2 Buchst. c) zu entscheiden und

Verbreitungsgebiete und Nutzung der Offenen Kanäle und des nicht-kommerziellen lokalen Hörfunks durch Satzung zu regeln,

7. über die Förderung landesrechtlich gebotener technischer Infrastruktur zur Versorgung des Landes mit Rundfunkprogrammen (§ 57 Abs. 2 Satz 2 Buchst. a), die Förderung von Projekten für neuartige Rundfunkübertragungstechniken (§ 57 Abs. 2 Satz 2 Buchst. b) und Maßnahmen zur Förderung des Medienstandortes Hessen (§ 57 Abs. 2 Satz 2 Buchst. d) zu entscheiden,

8. über die Gewährung eines Gesellschafterdarlehens nach § 57 Abs. 6 zu entscheiden,

9. über die Belegung der Kanäle in Kabelanlagen zu entscheiden (§ 42 Abs. 3), die Satzung über die Grundsätze der Kanalbelegung zu erlassen (§ 42 Abs. 3 Satz 4), die nach § 43 erforderlichen Entscheidungen zu treffen, die Weiterverbreitung von Rundfunkprogrammen zu untersagen (§ 46) und die Auswahlentscheidung nach § 67a Abs. 3 Satz 2 zu treffen,

10. die Aufwandsentschädigung ihrer Mitglieder zu regeln (§ 49 Abs. 7 Satz 2). Als Aufwandsentschädigung kann ein Betrag bis zur Höhe der Aufwandsentschädigung der Mitglieder des Rundfunkrates des Hessischen Rundfunks festgesetzt werden,

11. den jährlichen Haushaltsplan und den Jahresabschluss zu verabschieden, den Finanzplan aufzustellen und dem Direktor Entlastung zu erteilen,

12. die Satzung über die Erhebung der Rundfunkabgabe zu erlassen (§ 58 Abs. 3),

13. den Datenschutzbeauftragten der Anstalt zu bestimmen,

14. für die Entscheidung der Landesstelle bei der Zulassung, dem Widerruf oder der Rücknahme der Zulassung des privaten Fernsehveranstalters auf dem Rundfunksatelliten nach dem Satellitenfernseh-Staatsvertrag vom 29. Juni/20. Juli 1989 (GVBl. I S. 399), geändert durch Staatsvertrag vom 13./14./16./19. Oktober 1992 (GVBl. I S. 642), und für die Feststellung, ob durch Änderungen der Kapital- und Stimmrechtsanteile der nach diesem Staatsvertrag zugelassenen Veranstaltergemeinschaft die bisherige Meinungsvielfalt gefährdet wird.

(2) Der Zustimmung der Versammlung bedürfen folgende Geschäfte des Direktors:

1. Erwerb, Veräußerung oder Belastung von Grundstücken,

2. Verträge mit einem Gesamtaufwand von mehr als 50.000 Euro,

3. Einstellungen, Höhergruppierungen und Entlassungen der Angestellten von der Vergütungsgruppe IIa BAT an aufwärts.

§ 52 Ausschüsse

(1) Zur Vorbereitung ihrer Entscheidungen setzt die Versammlung einen Programm- und einen Haushaltsausschuss ein. Sie kann weitere Ausschüsse bilden.

(2) Die Versammlung kann den Haushaltsausschuss ermächtigen, zwischen ihren Sitzungen die der Versammlung nach § 51 Abs. 2 obliegenden Entscheidungen zu treffen. Sie kann in ihrer Satzung über die innere Ordnung einen Ausschuss ermächtigen, zwischen ihren Sitzungen die der Versammlung nach § 10 Abs. 2 Nr. 1 obliegenden Entscheidungen zu treffen.

(3) Das Nähere regelt die Versammlung durch Satzung.

§ 51 Allgemeines

(...)

(2) Organe der Landesanstalt sind:
1. der Medienausschuss und
2. der Direktor oder die Direktorin.

(...)

§ 52 Zusammensetzung des Medienausschusses

(1) Der Medienausschuss besteht aus elf Mitgliedern, die von den in Mecklenburg-Vorpommern beheimateten Organisationen jeweils gemeinsam mit dem oder der Vorsitzenden des Landesrundfunkausschusses innerhalb einer von diesen zu bestimmenden Frist benannt werden:
1. die Evangelischen Kirchen, die Katholische Kirche, der Landesverband der Jüdischen Gemeinden in Mecklenburg-Vorpommern,
2. die Liga der Spitzenverbände der Freien Wohlfahrtspflege in Mecklenburg-Vorpommern e.V.,
3. die Landesverbände des Deutschen Gewerkschaftsbundes, der ver.di und des Deutschen Beamtenbundes,
4. der Deutsche Journalistenverband und Verband der Zeitungsverlage Norddeutschland e.V.,
5. der Künstlerbund Mecklenburg-Vorpommern e.V., der Landesverband deutscher Schriftsteller Mecklenburg-Vorpommern, der Landesmusikrat Mecklenburg-Vorpommern e.V.,
6. die Industrie- und Handelskammern, die Handwerkskammern, die Vereinigung der Unternehmensverbände und der Landesverband der Freien Berufe Mecklenburg-Vorpommern,
7. der Städte- und Gemeindetag Mecklenburg-Vorpommern, der Landkreistag Mecklenburg-Vorpommern,
8. der Bauernverband, der Tierschutzverband, die nach § 63 Abs. 2 des Bundesnaturschutzgesetzes vom 29. Juli 2009 (BGBl. I S. 2542) zur Mitwirkung berechtigten Naturschutzvereinigungen,
9. der Landesheimatverband Mecklenburg-Vorpommern e.V., Tourismusverband Mecklenburg-Vorpommern,

10. die Landesarbeitsgemeinschaft der kommunalen Gleichstellungsbeauftragten Mecklenburg-Vorpommern, Verbraucherzentrale Mecklenburg-Vorpommern e.V., Landesfrauenrat Mecklenburg-Vorpommern e.V.,
11. der Landessportbund Mecklenburg-Vorpommern e.V., der Landesjugendring Mecklenburg-Vorpommern e.V.

(2) Die Organisationen nach Absatz 1 entsenden für jede zweite Amtszeit des Medienausschusses eine Frau. Diese Anforderung entfällt nur dann, wenn der jeweiligen Organisation aufgrund ihrer Zusammensetzung eine Entsendung von Frauen regelmäßig oder im Einzelfall nicht möglich ist; dies ist gegenüber dem/der Vorsitzenden des Medienausschusses bei der Benennung des Mitglieds schriftlich zu begründen.

(3) Können sich die Organisationen nach Absatz 1 Nr. 1 bis 11 nicht auf eine gemeinsame Vertretung verständigen, so schlagen diese jeweils eine Person vor. Aus diesen Vorschlägen wählt der Landtag ein Mitglied für die entsprechende Gruppe der zusammengefassten Organisationen.

(4) Solange und soweit Mitglieder in den Medienausschuss nicht entsendet oder gewählt werden, verringert sich die Mitgliederzahl entsprechend. Dabei dürfen dem Medienausschuss nicht weniger als sechs Mitglieder angehören. Scheidet ein Mitglied des Medienausschusses vorzeitig aus, ist für den Rest der Amtszeit ein Nachfolger oder eine Nachfolgerin nach Maßgabe der Absätze 2 und 3 zu bestimmen.

§ 53 Aufgaben des Medienausschusses

(1) Der Medienausschuss nimmt die Interessen der Allgemeinheit auf dem Gebiet des Rundfunks gemäß § 1 wahr. Er hat insbesondere folgende Aufgaben:
1. Feststellung und Zuordnung von Übertragungskapazitäten nach § 5,
2. Zuweisung, Rücknahme und Widerruf von Übertragungskapazitäten nach §§ 6, 6a,
3. Entscheidung über die Erteilung, Verlängerung, Rücknahme und den Widerruf einer Zulassung nach §§ 8 bis 18 einschließlich der Entscheidung über Ausnahmegenehmigungen nach § 8 Abs. 2 und § 11 Abs. 3,
4. Feststellung von Verstößen gegen Vorschriften dieses Gesetzes und Entscheidung über Aufsichtsmaßnahmen, § 25 bleibt unberührt,
5. Erlass von Satzungen,

6. Feststellung des Haushaltsplanes der Landesanstalt und Entlastung des Direktors oder der Direktorin,
7. Wahl und Abwahl des Direktors oder der Direktorin,
8. Zustimmung zur Einstellung, Höhergruppierung und Entlassung von Beamten und Beamtinnen des höheren Dienstes und Angestellten vergleichbarer Vergütungsgruppen,
9. Zustimmung zu dem Erwerb und der Veräußerung von Unternehmen sowie Beteiligungen an ihnen gemäß § 51 Abs. 4. § 36 des Rundfunkstaatsvertrages bleibt unberührt.

(2) Der Medienausschuss stellt den Verlust der Mitgliedschaft im Medienausschuss fest. Er wählt den Vorsitzenden oder die Vorsitzende sowie zwei Stellvertreter oder Stellvertreterinnen und kann diese abberufen. Das Nähere wird durch die Hauptsatzung geregelt.

(3) Bei der Wahrnehmung seiner Aufgaben sind dem Medienausschuss und seinen Ausschüssen von dem Direktor oder der Direktorin Auskünfte zu erteilen und Einsicht in die Unterlagen der Landesanstalt zu gewähren. Der Direktor oder die Direktorin informiert den Medienausschuss möglichst frühzeitig über wichtige Vorhaben und Entscheidungen. Dies schließt eine Information über wichtige Entscheidungen im Bereich existierender Unternehmensbeteiligungen und im Rahmen der Arbeitsgemeinschaft der Landesmedienanstalten in der Bundesrepublik Deutschland sowie in Organen nach § 35 Abs. 2 des Rundfunkstaatsvertrages ein.

§ 54 Amtszeit des Medienausschusses und Rechtsstellung der Mitglieder

(1) Die Amtszeit des Medienausschusses beträgt fünf Jahre. Sie beginnt mit ihrem ersten Zusammentritt. Nach Ablauf der Amtszeit führt der Medienausschuss die Geschäfte bis zum Zusammentritt des neuen Landesrundfunkausschusses weiter.

(2) Die Mitglieder des Medienausschusses sind an Aufträge und Weisungen nicht gebunden. Sie üben ihr Amt ehrenamtlich aus. Für ihre Tätigkeit werden ihnen nach Maßgabe der Hauptsatzung eine Aufwandsentschädigung, ein Sitzungsgeld sowie eine Fahrkostenerstattung gewährt.

(3) Mitglied des Medienausschusses kann nicht sein, wer
1. nicht zum Landtag wählbar ist,

2. der gesetzgebenden Körperschaft oder der Regierung des Bundes oder des Landes Mecklenburg-Vorpommern angehört,

3. den Aufsichtsorganen einer öffentlich-rechtlichen Rundfunkanstalt angehört oder in einem Arbeits- oder Dienstverhältnis zu einer solchen steht oder für diese als arbeitnehmerähnliche Person im Sinne des § 12a des Tarifvertragsgesetzes in der Fassung der Bekanntmachung vom 25. August 1969 (BGBl. I S. 1323), das zuletzt durch Artikel 223 der Verordnung vom 31. Oktober 2006 (BGBl. I S. 2407) geändert worden ist, tätig ist,

4. Rundfunkveranstalter oder Träger einer technischen Übertragungseinrichtung ist, zu diesen in einem Arbeits- oder Dienstverhältnis in leitender Stellung steht oder von diesen abhängig oder an ihnen beteiligt ist.

§ 55 Verfahren

(1) Die Sitzungen des Medienausschusses sind öffentlich. Die Öffentlichkeit ist auszuschließen, wenn überwiegende Belange des öffentlichen Wohls oder berechtigte Interessen Einzelner es erfordern. Der Ausschluss der Öffentlichkeit kann in diesem Rahmen in der Hauptsatzung oder durch Beschluss des Medienausschusses angeordnet werden. Über den Ausschluss der Öffentlichkeit wird in nichtöffentlicher Sitzung beraten und mit der gesetzlichen Mehrheit der Ausschussmitglieder entschieden. Der Direktor oder die Direktorin nimmt an den Sitzungen beratend teil.

(2) Der Veranstalter von Rundfunk und der für ein Programm oder eine Sendung Verantwortliche können mit Zustimmung des Vorsitzenden des Medienausschusses an dessen Sitzung teilnehmen, soweit ihre Angelegenheiten behandelt werden. Auf Verlangen des Vorsitzenden des Medienausschusses sind sie zur Teilnahme verpflichtet. Der Medienausschuss kann weitere sachverständige Personen zu den Sitzungen hinzuziehen.

(3) Die für die Rechtsaufsicht zuständige Behörde ist berechtigt, zu den Sitzungen des Medienausschusses eine Vertretung zu entsenden. Diese Person ist jederzeit zu hören.

§ 56 Beschlussfassung

(1) Der Medienausschuss ist beschlussfähig, wenn er ordnungsgemäß einberufen worden ist und mindestens sechs seiner Mitglieder anwesend sind.

Ohne Rücksicht auf die Zahl der Erschienenen ist der Medienausschuss beschlussfähig, wenn zu einer wegen Beschlussunfähigkeit aufgehobenen Sitzung unter ausdrücklichem Hinweis hierauf innerhalb einer angemessenen Frist erneut geladen wird.

(2) Der Medienausschuss fasst seine Beschlüsse grundsätzlich mit der einfachen Mehrheit der abgegebenen Stimmen. Für Beschlüsse nach § 53 Abs. 1 Nr. 1 bis 3 ist die Mehrheit der gesetzlichen Mitglieder des Medienausschusses erforderlich.

(3) Die Mitglieder des Medienausschusses dürfen weder beratend noch entscheidend mitwirken oder sonst tätig werden,
1. wenn die Entscheidung ihnen selbst oder ihren Angehörigen im Sinne von § 20 Abs. 5 des Landesverwaltungsverfahrensgesetzes einen unmittelbaren Vorteil oder Nachteil bringen kann,
2. wenn sie zu dem Beratungsgegenstand in anderer als öffentlicher Eigenschaft ein Gutachten abgegeben haben,
3. wenn sie eine natürliche oder juristische Person oder eine Vereinigung vertreten, der die Entscheidung einen unmittelbaren Vorteil oder Nachteil bringen kann.

(4) Das Mitwirkungsverbot gilt nicht, wenn der Vorteil oder der Nachteil nur darauf beruht, dass jemand einer Berufs- oder Bevölkerungsgruppe angehört, deren gemeinsame Interessen durch die Angelegenheit berührt werden.

(5) Wer annehmen muss, nach Absatz 3 von der Mitwirkung ausgeschlossen zu sein, hat den Ausschließungsgrund unaufgefordert dem oder der Vorsitzenden des Medienausschusses anzuzeigen und den Sitzungsraum zu verlassen; bei einer öffentlichen Sitzung kann er oder sie sich in dem für die Zuhörer bestimmten Teil des Sitzungsraumes aufhalten. Ob ein Ausschließungsgrund vorliegt, entscheidet in Zweifelsfällen der Medienausschuss in nichtöffentlicher Sitzung nach Anhörung des Betroffenen unter Ausschluss seiner oder ihrer Person.

(6) Ein Verstoß gegen das Mitwirkungsverbot hat die Unwirksamkeit der Entscheidung zur Folge und kann nur binnen Jahresfrist gerügt werden. Ein ungerechtfertigter Ausschluss eines Mitglieds des Medienausschusses ist von Anfang an unbeachtlich, wenn dieses der Entscheidung nachträglich zustimmt.

§ 38 Rechtsform, Organe, Beteiligungen

(...)

(2) Die Organe der Landesmedienanstalt sind die Versammlung und die Direktorin oder der Direktor.

(...)

§ 40 Zusammensetzung der Versammlung

(1) In die Versammlung entsenden

1. je ein Mitglied die Parteien, die zu Beginn der Amtszeit der Versammlung mit einer Fraktion im Landtag vertreten sind und zusätzlich ein Mitglied die Partei, die mit der stärksten Fraktion vertreten ist,
2. ein Mitglied die Konföderation evangelischer Kirchen in Niedersachsen,
3. ein Mitglied die römisch-katholische Kirche,
4. ein Mitglied gemeinsam der Landesverband der Jüdischen Gemeinden von Niedersachsen und der Landesverband der Israelitischen Kultusgemeinden von Niedersachsen,
5. zwei Mitglieder der Deutsche Gewerkschaftsbund,
6. ein Mitglied der Deutsche Beamtenbund,
7. zwei Mitglieder die Unternehmerverbände,
8. ein Mitglied die Handwerksverbände,
9. ein Mitglied das Landvolk,
10. ein Mitglied der Landesfrauenrat,
11. ein Mitglied der Landesjugendring,
12. ein Mitglied der Landessportbund,
13. ein Mitglied der Landesmusikrat,
14. ein Mitglied das Film- und Medienbüro,
15. ein Mitglied der Deutsche Journalistenverband,
16. ein Mitglied gemeinsam der Verband Nordwestdeutscher Zeitungsverlage und der Verband der Zeitschriftenverlage Niedersachsen-Bremen,
17. ein Mitglied der Verband der Freien Berufe,
18. ein Mitglied der Deutsche Lehrerverband,
19. ein Mitglied der Deutsche Familienverband, Landesverband Niedersachsen.

(2) Die oder der Vorsitzende der Versammlung fordert sechs Monate vor Ablauf der Amtszeit der Versammlung die in dem Absatz 1 genannten Organisationen und Gruppen auf, die für die neue Amtszeit zu entsendenden Mitglieder zu benennen.

(3) Soweit die in dem Absatz 1 genannten Organisationen und Gruppen auch in anderen Ländern bestehen, ist die Entscheidung über die Entsendung durch in Niedersachsen bestehende Teile der Organisationen und Gruppen zu treffen.

(4) Organisationen und Gruppen, die ein Mitglied entsenden, sollen bei einem geplanten Personenwechsel abwechselnd eine Frau und einen Mann benennen. Organisationen und Gruppen, die zwei Mitglieder entsenden, müssen jeweils eine Frau und einen Mann benennen. Die Gründe für die Nichterfüllung sind der oder dem Vorsitzenden der Versammlung mit der Benennung schriftlich mitzuteilen. Die entsendenden Organisationen sind aufgerufen, Mitglieder zu benennen, die aufgrund ihrer Persönlichkeit die Wertvorstellungen der sie entsendenden Organisation oder Gruppe in die Arbeit der Versammlung einbringen können.

(5) Die oder der Vorsitzende der Versammlung stellt fest, ob die Entsendung ordnungsgemäß ist, insbesondere ob ihr Hinderungsgründe nach § 41 entgegenstehen. Soweit die Ordnungsmäßigkeit bis zum nächsten Zusammentritt der Versammlung noch nicht festgestellt worden ist, bleiben diese Sitze in der Versammlung frei. Scheidet ein Mitglied aus der Versammlung vorzeitig aus, so ist für den Rest der Amtszeit eine Nachfolgerin oder ein Nachfolger nach den für die Entsendung des ausscheidenden Mitglieds geltenden Bestimmungen zu entsenden.

(6) Die Amtszeit der Versammlung beträgt sechs Jahre und beginnt mit ihrem ersten Zusammentritt. Nach Ablauf der Amtszeit führt die Versammlung die Geschäfte bis zum Zusammentritt der neuen Versammlung weiter.

§ 41 Persönliche Hinderungsgründe für die Mitgliedschaft

(1) Mitglied der Versammlung darf nicht sein, wer
1. Mitglied der Bundesregierung oder einer Landesregierung ist,
2. Mitglied des Landtages ist, ausgenommen Fälle der Entsendung nach § 40 Abs. 1 Nr. 1,

3. in einem Arbeits- oder Dienstverhältnis zu einem öffentlich-rechtlichen Rundfunkveranstalter steht oder für diesen als arbeitnehmerähnliche Person im Sinne des § 12 a des Tarifvertragsgesetzes tätig ist oder Mitglied eines Aufsichtsorgans eines öffentlich-rechtlichen Rundfunkveranstalters ist,

4. privater Rundfunkveranstalter, Träger einer technischen Übertragungseinrichtung oder Verantwortlicher für die Weiterverbreitung eines Programms nach § 35 Abs. 1 ist, in einem Arbeits- oder Dienstverhältnis zu einem solchen Rundfunkveranstalter, Träger oder Verantwortlichen steht, von diesem abhängig ist oder an einem entsprechenden Unternehmen beteiligt ist oder

5. nicht zum Landtag wählbar ist.

(2) Tritt ein Hinderungsgrund während der Amtszeit ein oder wird er erst während der Amtszeit bekannt, so endet die Mitgliedschaft mit der entsprechenden Feststellung der Versammlung.

§ 42 Rechte und Pflichten der Mitglieder

(1) Die Mitglieder der Versammlung nehmen ein öffentliches Ehrenamt wahr. Sie haben bei der Wahrnehmung ihrer Aufgaben die Interessen der Allgemeinheit zu vertreten und sind an Aufträge und Weisungen nicht gebunden.

(2) Die Mitglieder der Versammlung haben Anspruch auf eine angemessene Aufwandsentschädigung nach Maßgabe einer von der Landesmedienanstalt zu erlassenden Entschädigungssatzung sowie auf Fahrtkostenerstattung nach dem Bundesreisekostengesetz. Die Satzung kann bestimmen, dass neben der Gewährung der Aufwandsentschädigung ein nachgewiesener Verdienstausfall pauschal abgegolten wird. Die Entschädigungssatzung bedarf der Genehmigung der Staatskanzlei.

§ 43 Versammlungsvorstand

Die Versammlung wählt ihre Vorsitzende oder ihren Vorsitzenden, zwei stellvertretende Vorsitzende und die Vorsitzenden der Fachausschüsse nach § 46 (Versammlungsvorstand).

§ 44 Aufgaben der Versammlung

(1) Die Versammlung hat folgende Aufgaben:

1. Wahl und Abberufung der Direktorin oder des Direktors,
2. Zustimmung zu der Ernennung und Entlassung der Beamtinnen und Beamten des höheren Dienstes, zu ihrer Versetzung in den Ruhestand sowie zu der Einstellung, Höhergruppierung und Entlassung der vergleichbaren übrigen Beschäftigten der Landesmedienanstalt,
3. Erlass der Satzungen, der Richtlinien und der Geschäftsordnung der Versammlung,
4. Entscheidung über Aufsichtsmaßnahmen nach § 12 Abs. 3 Satz 2, Abs. 4 und 5, soweit sie nicht Verstöße gegen Regelungen zur Werbung oder zum Sponsoring betreffen und soweit nicht die Kommission für Jugendmedienschutz zuständig ist (§ 16 JMStV), sowie Stellung von Anträgen nach § 14 Abs. 2 Satz 3 und § 17 Abs. 1 Satz 1 JMStV,
5. Entscheidung über die Erteilung sowie über Rücknahme oder Widerruf a) einer Zulassung, ausgenommen die Fälle des § 33, und b) einer Zuweisung von Übertragungskapazitäten nach § 5 Abs. 2 Satz 1 und § 34 Abs. 5 Satz 3,
6. Entscheidung über die Unbedenklichkeitsbestätigung nach § 9 Abs. 4 Satz 4,
7. Entscheidung über Befreiungen nach § 15 Abs. 2 Satz 6 und Abs. 3 Satz 4,
8. Entscheidung über die Gewährung von Zuschüssen für Bürgerrundfunk,
9. Entscheidung über die Beanstandung sowie über die Untersagung der Weiterverbreitung von Rundfunkprogrammen nach § 36,
10. Entscheidung über die Kanalbelegung mit Rundfunkprogrammen und Telemedien in Kabelanlagen sowie Anordnungen nach § 37 Abs. 4 bis 6,
11. Entscheidung über die Eingehung von Verbindlichkeiten im Wert von mehr als 50.000 Euro,
12. Genehmigung des Haushaltsplans und des Jahresabschlusses sowie die Entlastung der Direktorin oder des Direktors,
13. Entscheidung über die Beteiligung an Unternehmen nach § 38 Abs. 3.

(2) Die Versammlung ist oberste Dienstbehörde der Beamtinnen und Beamten der Landesmedienanstalt.

§ 45 Sitzungen der Versammlung

(1) Die Sitzungen der Versammlung werden nach Anhörung des Versammlungsvorstandes von der oder dem Vorsitzenden schriftlich unter Mitteilung der Tagesordnung einberufen. Auf Antrag von mindestens einem Viertel der Mitglieder der Versammlung oder von mindestens zwei Mitgliedern des Versammlungsvorstandes oder auf Antrag der Direktorin oder des Direktors muss die Versammlung einberufen werden. Der Antrag muss den Beratungsgegenstand angeben. Die Direktorin oder der Direktor nimmt an den Sitzungen der Versammlung mit beratender Stimme teil.

(2) Den Veranstaltern von privatem Rundfunk und den für den Inhalt des Programms Verantwortlichen kann die Versammlung die Teilnahme an Sitzungen gestatten, soweit ihre Programme betroffen sind. Andere Vertreterinnen oder Vertreter des Veranstalters können zugelassen werden. Auf Verlangen der Versammlung sind Personen nach Satz 1 zur Teilnahme verpflichtet.

(3) Mitglieder der Personalvertretung können an den Sitzungen teilnehmen. Ihnen ist auf Verlangen zu Angelegenheiten ihres Aufgabenbereichs das Wort zu erteilen.

(4) Die Staatskanzlei kann zu den Sitzungen der Versammlung eine Vertreterin oder einen Vertreter entsenden. Diese oder dieser ist jederzeit zu hören.

§ 46 Fachausschüsse

Die Versammlung bildet zur Vorbereitung ihrer Beschlüsse Fachausschüsse. Eine Aufgabenzuweisung nach einzelnen Veranstaltern ist unzulässig. § 45 Abs. 1 Satz 4 und Abs. 2 bis 4 gilt entsprechend.

§ 47 Beschlüsse der Versammlung

(1) Die Versammlung ist beschlussfähig, wenn alle Mitglieder geladen worden sind und mindestens die Hälfte ihrer Mitglieder anwesend ist. Ist eine Angelegenheit wegen Beschlussunfähigkeit zurückgestellt worden und wird die Versammlung zur Behandlung desselben Gegenstandes erneut geladen, so ist sie ohne Rücksicht auf die Zahl der Erschienenen beschlussfähig, wenn darauf in dieser Ladung hingewiesen worden ist.

(2) Die Versammlung fasst ihre Beschlüsse mit der Mehrheit der abgegebenen Stimmen, in den Fällen der §§ 43 und 44 Abs. 1 Nrn. 1 und 12 mit der Mehrheit ihrer Mitglieder und in den Fällen des § 44 Abs. 1 Nrn. 5 und 8 mit der Mehrheit der Mitglieder, die nicht wegen Besorgnis der Befangenheit oder aus einem sonstigen gesetzlichen Grund ausgeschlossen sind.

§ 90 Organe

Organe der LfM sind:
1. die Medienkommission,
2. die Direktorin oder der Direktor.

§ 91 Inkompatibilität

(1) Den Organen der LfM dürfen nicht angehören:
1. Mitglieder der Bundesregierung oder einer Landesregierung,
2. Mitglieder der gesetzgebenden oder beschließenden Organe der Europäischen Gemeinschaften, des Europarats, des Bundes oder eines Landes, es sei denn, sie sind nach § 93 Abs. 2 gewählt,
3. Kommunale Wahlbeamtinnen und -beamte, Bedienstete oberster Bundesbehörden, oberster Landesbehörden sowie Beamtinnen und Beamte, die jederzeit in den einstweiligen Ruhestand versetzt werden können,
4. Rundfunkveranstalter, deren Gesellschafter und Organmitglieder und bei diesen in leitender Stellung Beschäftigte,
5. Betreiber einer Kabelanlage, deren Gesellschafter und Organmitglieder und bei diesen in leitender Stellung Beschäftigte,
6. Inhaber, Gesellschafter, Organmitglieder und Beschäftigte in leitender Stellung von Unternehmen, die mit einem in Nummer 4 oder 5 genannten Unternehmen verbunden sind (§ 15 Aktiengesetz),
7. Organmitglieder und Beschäftigte eines öffentlich-rechtlichen Veranstalters,
8. Gesellschafter, Organmitglieder und Beschäftigte eines mit einem öffentlich-rechtlichen Veranstalter verbundenen Unternehmens (§ 15 Aktiengesetz),
9. Beschäftigte der LfM und Organmitglieder und Beschäftigte anderer Landesmedienanstalten,
10. Geschäftsunfähige, beschränkt Geschäftsfähige, Personen, für die eine Betreuung bestellt ist,
11. Personen, die die Fähigkeit verloren haben, Rechte aus öffentlichen Wahlen zu erlangen oder öffentliche Ämter zu bekleiden.

(2) Treten nachträglich die Voraussetzungen nach Absatz 1 ein, endet das Amt des Organmitglieds an dem Tag, an dem sie eingetreten sind.

(3) Die Feststellungen nach Absatz 1 trifft die Medienkommission.

§ 92 Vorzeitige Beendigung der Organmitgliedschaft

(1) Außer in den Fällen des § 91 Abs. 2 endet das Amt eines Organmitglieds vorzeitig durch Tod, Niederlegung des Amtes oder Abberufung.

(2) § 91 Abs. 3 gilt entsprechend.

(3) Endet das Amt eines Mitglieds der Medienkommission vorzeitig, wird die im Amt nachfolgende Person für den Rest der laufenden Amtsperiode nach Maßgabe der für die Medienkommission geltenden Vorschriften gewählt.

Unterabschnitt 2: Medienkommission

§ 93 Zusammensetzung

(1) Die Medienkommission besteht aus den nach Absätzen 2 und 3 gewählten bzw. entsandten Mitgliedern.

(2) Fünf Mitglieder werden aufgrund von Vorschlagslisten nach den Grundsätzen der Verhältniswahl (d'Hondtsches Höchstzahlverfahren) vom Landtag gewählt. Listenverbindungen sind zulässig. Bei gleicher Höchstzahl entscheidet über die Entsendung des letzten Mitglieds das von der Präsidentin oder dem Präsidenten des Landtags zu ziehende Los. Wenn nach Sätzen 1 bis 3 die Vorschlagsliste einer Fraktion keine Berücksichtigung findet, so kann jede nicht berücksichtigte Fraktion je ein Mitglied in die Medienkommission entsenden. Wählt der Landtag fünf Mitglieder, so müssen mindestens zwei Mitglieder Frauen sein. Erhöht sich der Anteil der Mitglieder nach Satz 4, so müssen mindestens drei Mitglieder Frauen sein. Der Landtag kann mit Zustimmung aller Fraktionen beschließen, abweichend vom Verfahren nach Satz 1 die Mitglieder nach einer gemeinsamen Liste zu wählen. Bis zu vier Mitglieder dürfen dem Europäischen Parlament, dem Bundestag oder einem Landtag angehören. Scheidet ein Mitglied aus der Medienkommission aus, wird es durch das nächste auf der selben Liste vorgeschlagene Mitglied ersetzt.

(3) Je eins von insgesamt einundzwanzig weiteren Mitgliedern wird entsandt

1. durch die Evangelischen Kirchen in Nordrhein-Westfalen,
2. durch die Katholische Kirche,
3. durch die Landesverbände der Jüdischen Gemeinden von Nordrhein und Westfalen und die Synagogen-Gemeinde Köln,
4. durch den Deutschen Gewerkschaftsbund, Landesbezirk Nordrhein-Westfalen,
5. durch die Gewerkschaft ver.di, Landesbezirk Nordrhein-Westfalen, und den Deutschen Journalisten-Verband, Landesverband Nordrhein-Westfalen,
6. durch die Landesvereinigung der Arbeitgeberverbände Nordrhein-Westfalen und den Nordrhein-Westfälischen Handwerkstag e.V.,
7. aus dem Bereich der Wissenschaft (Landesrektorenkonferenz Nordrhein-Westfalen; Landesrektorenkonferenz der Fachhochschulen des Landes Nordrhein-Westfalen),
8. aus dem Bereich der Weiterbildung (Landesverband der Volkshochschulen von Nordrhein-Westfalen; Gesprächskreis für Landesorganisationen der Weiterbildung in Nordrhein-Westfalen),
9. aus den Bereichen Kunst und Kultur (Landesmusikrat Nordrhein-Westfalen; Bundesverband bildender Künstlerinnen und Künstler, Landesverband Nordrhein-Westfalen; Kulturrat Nordrhein-Westfalen),
10. aus dem Bereich Film (Filmbüro Nordrhein-Westfalen; Verband der Fernseh-, Film- und Videowirtschaft Nordrhein-Westfalen; Film- und Fernseh-Produzentenverband Nordrhein-Westfalen),
11. aus dem Bereich Soziales (Arbeitsgemeinschaft der Spitzenverbände der Freien Wohlfahrtspflege des Landes Nordrhein-Westfalen),
12. durch den Frauenrat Nordrhein-Westfalen und die Landesarbeitsgemeinschaft der Familienverbände in Nordrhein-Westfalen,
13. durch den Deutschen Kinderschutzbund, Landesverband Nordrhein-Westfalen, und den Landesjugendring Nordrhein-Westfalen,
14. durch den Sozialverband Deutschland, Landesverband Nordrhein-Westfalen, den Sozialverband VdK, Landesverband Nordrhein-Westfalen, und die Landesseniorenvertretung Nordrhein-Westfalen,
15. aus dem Kreis der Verbraucherinnen und Verbraucher (Verbraucherzentrale Nordrhein-Westfalen e.V.),
16. durch den Landessportbund Nordrhein-Westfalen,
17. durch die nach § 12 Landschaftsgesetz NRW anerkannten Vereine,
18. aus dem Kreis der Migrantinnen und Migranten (Landesarbeitsgemeinschaft der kommunalen Migrantenvertretungen, LAGA NRW),

19. durch die Vereinigung der Industrie- und Handelskammern in Nord-rhein-Westfalen,
20. durch den Bundesverband Informationswirtschaft, Telekommunikation und neue Medien e. V. (BITKOM) und den Verband der deutschen Internetwirtschaft e. V. (eco),
21. durch den Zeitungsverlegerverband Nordrhein-Westfalen e.V. (ZVNRW).

(4) Sind nach Absatz 3 mehrere Organisationen entsendungsberechtigt, sollen sich diese auf eine Person einigen. Erfolgt keine Einigung, wird eine Person mit der Mehrheit der jeweils entsendungsberechtigten Organisationen von diesen gewählt.

(5) Die entsendungsberechtigten Organisationen müssen Frauen und Männer im Turnus der Amtsperioden alternierend berücksichtigen. Dies gilt nicht, wenn einer Organisation aufgrund ihrer Zusammensetzung eine Entsendung von Frauen oder Männern regelmäßig oder im Einzelfall nicht möglich ist. Wird vom turnusmäßigen Wechsel der Geschlechter abgewichen, hat die entsendungsberechtigte Organisation der LfM die Gründe schriftlich mitzu-teilen. Die oder der Vorsitzende unterrichtet die Medienkommission.

(6) Für jedes Mitglied ist zugleich eine Stellvertreterin oder ein Stellvertreter zu wählen oder zu entsenden. Die Stellvertreterin oder der Stellvertreter nimmt bei Verhinderung des ordentlichen Mitglieds vollberechtigt an den Sitzungen der Medienkommission und ihrer Ausschüsse teil.

(7) Die LfM regelt das Entsendungsverfahren durch Satzung.

(8) Solange und soweit Mitglieder in die Medienkommission nicht gewählt oder entsandt werden, verringert sich deren Mitgliederzahl entsprechend.

(9) Die ordentlichen und stellvertretenden Mitglieder der Medienkommission sollen Kenntnisse auf den Gebieten des Rundfunks und der Telemedien besitzen. Sie haben bei Wahrnehmung ihrer Aufgaben die Interessen der Allgemeinheit zu vertreten und sind hierbei an Aufträge nicht gebunden.

§ 94 Aufgaben

(1) Die Medienkommission nimmt die Aufgaben der LfM wahr, soweit sie nicht der Direktorin oder dem Direktor übertragen sind.

(2) Folgende Maßnahmen der Direktorin oder des Direktors bedürfen der Zustimmung der Medienkommission:
1. Erwerb, Veräußerung und Belastung von Grundstücken,
2. Abschluss von Darlehensverträgen und Inanspruchnahme von Bankkrediten,
3. Abschluss von Bürgschaftsverträgen und Schuldübernahmeverträgen,
4. Abschluss von Verträgen, deren Gesamtaufwand 50.000 Euro jährlich überschreitet; dies gilt nicht für Dienst- und Arbeitsverträge; durch Satzung kann der Betrag nach Maßgabe der wirtschaftlichen Entwicklung erhöht werden,
5. über- und außerplanmäßige Ausgaben,
6. Bestimmung einer Vertreterin oder eines Vertreters,
7. Erstellung und Fortschreibung des Frauenförderplans nach § 5a Landesgleichstellungsgesetz.

(3) Zur Erfüllung ihrer Aufgaben kann die Medienkommission von der Direktorin oder dem Direktor die erforderlichen Auskünfte verlangen und Einsicht in die Unterlagen der LfM nehmen. Satz 1 gilt entsprechend für die Überwachung der Geschäftsführung der Direktorin oder des Direktors. Mit der Wahrnehmung dieser Aufgaben kann sie in bestimmten Fällen auch einzelne Mitglieder oder Sachverständige beauftragen.

(4) Ein Vorverfahren findet gegen Entscheidungen der Medienkommission nicht statt.

§ 95 Rechte und Pflichten, Kontrahierungsverbot

(1) Die ordentlichen oder stellvertretenden Mitglieder der Medienkommission sind ehrenamtlich tätig. Sie haben bei der Wahrnehmung ihrer Aufgaben die Interessen der Allgemeinheit zu vertreten und sind hierbei an Aufträge oder Weisungen nicht gebunden.

(2) Sie dürfen an der Übernahme und Ausübung ihrer Tätigkeit nicht gehindert und hierdurch nicht benachteiligt werden. Insbesondere ist eine Kündigung oder Entlassung aus diesem Grund unzulässig. Stehen sie in einem Dienst- oder Arbeitsverhältnis, ist ihnen die für ihr Amt erforderliche freie Zeit zu gewähren.

(3) Kein ordentliches oder stellvertretendes Mitglied der Medienkommission darf unmittelbar oder mittelbar mit der LfM für eigene oder fremde Rech-

nung Geschäfte machen, und zwar weder als Inhaberin oder Inhaber noch als Gesellschafterin oder Gesellschafter, Vorstandsmitglied, Angestellte oder Angestellter, Vertreterin oder Vertreter eines Unternehmens oder als Organ einer juristischen Person des privaten oder öffentlichen Rechts, oder eine andere Person hierbei vertreten. Kein ordentliches oder stellvertretendes Mitglied der Medienkommission darf wirtschaftliche oder sonstige Interessen haben, die geeignet sind, die Erfüllung seiner Aufgaben als Mitglied des Organs zu gefährden. Verträge über die Beratung, Vertretung oder ähnliche Tätigkeiten sind bei der oder dem Vorsitzenden anzuzeigen, soweit diese nicht in Ausübung eines bereits angezeigten Berufes erfolgen. §§ 20 und 21 Verwaltungsverfahrensgesetz für das Land Nordrhein-Westfalen finden entsprechend Anwendung.

(4) Abweichend von § 17 des Korruptionsbekämpfungsgesetzes erteilen die Mitglieder der Medienkommission die in dieser Vorschrift geforderten Auskünfte gegenüber dem oder der Vorsitzenden.

(5) §§ 20 und 21 Verwaltungsverfahrensgesetz für das Land Nordrhein-Westfalen finden entsprechend Anwendung.

§ 96 Amtszeit

(1) Die Amtszeit der ordentlichen Mitglieder der Medienkommission und ihrer Stellvertreterinnen und Stellvertreter beträgt sechs Jahre. Sie beginnt mit dem ersten Zusammentritt der Medienkommission und endet mit dem ersten Zusammentritt der nachfolgenden Medienkommission. Dieser erste Zusammentritt erfolgt in der letzten Woche der Amtszeit der vorangegangenen Medienkommission.

(2) Entsandte Mitglieder können von den entsendungsberechtigten Organisationen vorzeitig abberufen werden, wenn sie aus der betreffenden Organisation ausgeschieden sind oder entgegen § 95 Abs. 3 tätig geworden sind.

§ 97 Vorsitz und Verfahren

(1) Die Medienkommission wählt aus ihrer Mitte eine Vorsitzende oder einen Vorsitzenden und eine stellvertretende Vorsitzende oder einen stellvertretenden Vorsitzenden. Die Abwahl ist mit zwei Dritteln der Stimmen der Mitglieder der Medienkommission möglich.

(2) Die oder der amtierende Vorsitzende der Medienkommission stellt zu Beginn der Amtsperiode die nach den Satzungen oder vergleichbaren Regelungen der entsendungsberechtigten Stellen ordnungsgemäße Entsendung fest und gibt die Feststellungen der Medienkommission bekannt. Weitere Einzelheiten des Verfahrens über die Entsendung werden in einer Satzung geregelt; diese Satzung bedarf der Genehmigung der Rechtsaufsicht.

(3) Die Medienkommission gibt sich eine Geschäftsordnung.

§ 98 Sitzungen

(1) Die Sitzungen der Medienkommission werden nach Bedarf von der oder dem Vorsitzenden einberufen. Auf Antrag von mindestens einem Viertel der Mitglieder oder auf Antrag der Direktorin oder des Direktors muss die Medienkommission einberufen werden. Der Antrag muss den Beratungsgegenstand angeben.

(2) Die Sitzungen sind nicht öffentlich. Die Medienkommission kann in öffentlicher Sitzung tagen.

(3) Die Direktorin oder der Direktor nimmt an den Sitzungen mit dem Recht, sich zu den Beratungsthemen zu äußern, teil. Die für die Rechtsaufsicht zuständige Behörde ist zur Entsendung einer Vertreterin oder eines Vertreters berechtigt; Satz 1 gilt entsprechend. Die Teilnahme weiterer Personen wird durch Satzung geregelt.

(4) Die Medienkommission ist beschlussfähig, wenn alle Mitglieder nach näherer Bestimmung der Satzung geladen und zwei Drittel der Mitglieder anwesend sind.

(5) Ist die Medienkommission beschlussunfähig, sind alle Mitglieder innerhalb angemessener Frist mit derselben Tagesordnung erneut zu laden. In der darauf stattfindenden Sitzung ist die Medienkommission ohne Rücksicht auf die Zahl der anwesenden Mitglieder beschlussfähig. Beschlüsse dürfen jedoch nicht ausschließlich mit den Stimmen der nach § 93 Abs. 2 gewählten Mitglieder gefasst werden.

(6) Beschlüsse der Medienkommission kommen durch Zustimmung der Mehrheit der abgegebenen Stimmen der anwesenden Mitglieder zustande. Beschlüsse über die Erteilung, die Rücknahme oder den Widerruf einer Zulassung oder der Zuweisung einer Übertragungskapazität, über Unter-

sagungen, die Sicherung der Meinungsvielfalt im Fernsehen, die Öffentlichkeit von Sitzungen und über Satzungen und deren Änderung bedürfen der Zustimmung der Mehrheit der Mitglieder.

(7) Für Wahlen gelten die Abs. 4 und 5 entsprechend. Gewählt ist, wer die Mehrheit der Stimmen der Mitglieder der Medienkommission auf sich vereinigt. Kommt eine Wahl hiernach nicht zustande, so findet unverzüglich ein neuer Wahlgang statt, in dem gewählt ist, wer die meisten Stimmen erhält. Nimmt die gewählte Person die Wahl nicht an, so findet nach Maßgabe der Sätze 2 und 3 ein neuer Wahlgang statt. Sind in einer Sitzung nach Abs. 5 weniger als die Mehrheit der Mitglieder anwesend, so ist gewählt, wer mehr als die Hälfte der abgegebenen Stimmen erhält; Abs. 5 Satz 3 findet Anwendung. Bei Stimmengleichheit nach drei Wahlgängen entscheidet das Los.

(8) Das Nähere regelt die LfM durch Satzung.

§ 99 Aufwendungen

Die Mitglieder der Medienkommission haben Anspruch auf Ersatz von Reisekosten mit Ausnahme des Tagegeldes. Im Übrigen erhalten sie je Sitzungstag ein Sitzungstagegeld in Höhe von 30 Euro und eine monatliche Aufwandsentschädigung in Höhe von 610 Euro; diese erhöht sich jeweils in dem Maße, wie sich die monatliche Entschädigung der Mitglieder des Landtags von Nordrhein-Westfalen erhöht. Die oder der Vorsitzende erhält die Entschädigung in doppelter, das Mitglied, das die Stellvertretung im Vorsitz wahrnimmt, und Vorsitzende von Ausschüssen in eineinhalbfacher Höhe; die stellvertretenden Mitglieder der Medienkommission erhalten die Entschädigung in halber Höhe. Das Nähere regelt die LfM durch Satzung, die der Genehmigung der für die Rechtsaufsicht zuständigen Behörde bedarf.

Abschnitt 3: Landezentrale für Medien und Kommunikation

§ 39 Organe

Die Organe der LMK sind die Versammlung und die Direktorin oder der Direktor. Weitere Organe der LMK sind die durch den Rundfunkstaatsvertrag und den Jugendmedienschutz-Staatsvertrag bestimmten Organe im Rahmen ihrer dortigen Aufgabenstellung.

§ 40 Versammlung

(1) Die Versammlung besteht aus 42 Mitgliedern. Von ihnen entsenden

1. sieben Mitglieder der Landtag Rheinland-Pfalz,
2. je ein Mitglied der Städtetag Rheinland-Pfalz, der Landkreistag Rheinland-Pfalz sowie der Gemeinde- und Städtebund Rheinland-Pfalz,
3. ein Mitglied die Katholischen Bistümer in Rheinland-Pfalz, ein Mitglied die Evangelischen Kirchen im Lande Rheinland-Pfalz und ein Mitglied der Landesverband der jüdischen Gemeinden von Rheinland-Pfalz,
4. je ein Mitglied der Deutsche Gewerkschaftsbund – Landesbezirk Rheinland-Pfalz-, ver.di – Vereinte Dienstleistungsgewerkschaft e.V. – Landesbezirk Rheinland-Pfalz – und der Deutsche Beamtenbund Rheinland-Pfalz,
5. je ein Mitglied die Landesvereinigung rheinland-pfälzischer Unternehmerverbände, die Arbeitsgemeinschaft der Industrie- und Handelskammern Rheinland-Pfalz und die Arbeitsgemeinschaft der Handwerkskammern Rheinland-Pfalz,
6. ein Mitglied die Arbeitsgemeinschaft der Bauernverbände Rheinland-Pfalz,
7. ein Mitglied der Landesverband Einzelhandel Rheinland-Pfalz,
8. ein Mitglied der Verband der Zeitungsverleger in Rheinland-Pfalz und Saarland,
9. ein Mitglied der Südwestdeutsche Zeitschriftenverleger-Verband,

10. je ein Mitglied der Deutsche Journalistenverband – Landesverband Rheinland-Pfalz – und ver.di – Vereinte Dienstleistungsgewerkschaft e.V. – Landesbezirk Rheinland-Pfalz – aus dem Fachbereich für Medien,

11. ein Mitglied der Landesverband der Freien Berufe Rheinland-Pfalz,

12. ein Mitglied der Landesjugendring Rheinland-Pfalz,

13. ein Mitglied der Landeselternbeirat Rheinland-Pfalz,

14. ein Mitglied der Landesfrauenbeirat Rheinland-Pfalz,

15. ein Mitglied die Landesarbeitsgemeinschaft der Familienverbände Rheinland-Pfalz,

16. ein Mitglied der Landessportbund Rheinland-Pfalz,

17. ein Mitglied der Landesbeirat für Weiterbildung in Rheinland-Pfalz,

18. ein Mitglied die Verbraucherzentrale Rheinland-Pfalz,

19. ein Mitglied der Bund für Umwelt und Naturschutz Deutschland – Landesverband Rheinland-Pfalz –,

20. ein Mitglied der Deutsche Kinderschutzbund – Landesverband Rheinland-Pfalz –,

21. ein Mitglied die Stiftung Lesen, Mainz,

22. ein Mitglied die Liga der Spitzenverbände der Freien Wohlfahrtspflege im Lande Rheinland-Pfalz,

23. ein Mitglied der Landesfachbeirat für Seniorenpolitik in Rheinland-Pfalz,

24. ein Mitglied die oder der Landesbeauftragte für Ausländerfragen aus den Vertretungen der ausländischen Arbeitnehmerinnen und Arbeitnehmer und ihrer Familienangehörigen,

25. ein Mitglied der Verband Deutscher Sinti – Landesverband Rheinland-Pfalz –,

26. ein Mitglied die Verbände aus den Bereichen Kunst und Kultur,

27. ein Mitglied die Verbände aus dem Bereich der behinderten Menschen einschließlich der Kriegsopfer und ihrer Hinterbliebenen. Eine Vertreterin oder ein Vertreter der Landesregierung kann mit beratender Stimme an den Sitzungen der Versammlung teilnehmen.

(2) Die Mitglieder nach Absatz 1 Satz 2 Nr. 1 bis 25 werden von den dort genannten Stellen entsandt. Die vom Landtag zu entsendenden Mitglieder verteilen sich auf die Fraktionen nach dem d'hondtschen Höchstzahlverfahren, jedoch stellt jede Fraktion mindestens ein Mitglied. Ändert sich auf Grund einer Neuwahl des Landtags das nach Satz 2 maßgebliche Stärkeverhältnis der Fraktionen, so werden die vom Landtag zu entsendenden Mitglieder für die Zeit bis zum Ende der Amtsperiode der Versammlung

neu bestimmt. Die in Absatz 1 Satz 2 Nr. 26 und 27 aufgeführten Mitglieder werden von den nachfolgenden Verbänden entsandt und zwar:

1. das Mitglied der Verbände aus den Bereichen Kunst und Kultur von dem Verband Deutscher Schriftsteller Rheinland-Pfalz, dem Berufsverband Bildender Künstler – Sektion Rheinland-Pfalz – und dem Landesmusikrat Rheinland-Pfalz,

2. das Mitglied der Verbände aus dem Bereich der behinderten Menschen einschließlich der Kriegsopfer und ihrer Hinterbliebenen von dem Sozialverband VdK Deutschland – Landesverband Rheinland-Pfalz –, dem Bundesverband für Rehabilitation und Interessenvertretung Behinderter – Landesverband Rheinland-Pfalz –, dem Sozialverband Deutschland-Landesverband Rheinland-Pfalz/Saarland –, dem Bund der Kriegsblinden Deutschlands – Landesverband Rheinland-Pfalz – und der Landesarbeitsgemeinschaft Rheinland-Pfalz Selbsthilfe Behinderter.

(3) Kommt eine Einigung zwischen den Verbänden innerhalb der einzelnen Bereiche des Absatzes 2 Satz 4 Nr. 1 und 2 nicht zu Stande, so schlagen diese Verbände jeweils eine Vertreterin oder einen Vertreter vor. Der für Rundfunkfragen zuständige Ausschuss des Landtags wählt hieraus ein Mitglied für den entsprechenden Bereich aus. Für das Wahlverfahren gilt Absatz 4 entsprechend.

(4) Die entsendungs- und vorschlagsberechtigten Stellen sollen verstärkt Frauen benennen. Soweit diese Stellen eine andere Person als Nachfolgerin oder Nachfolger eines Mitglieds benennen, muss diese Person dem jeweils anderen Geschlecht angehören, es sei denn, dass dies auf Grund der Zusammensetzung der entsendungs- oder vorschlagsberechtigten Stelle nicht möglich ist.

(5) Solange und soweit vom Entsendungs- oder Vorschlagsrecht kein Gebrauch gemacht wird, verringert sich die Zahl der Mitglieder entsprechend.

(6) Die Mitglieder sind der Landesregierung zu benennen.

(7) Die Mitglieder der Versammlung werden für die Dauer von fünf Jahren entsandt; verlieren Abgeordnete ihre Mitgliedschaft im Landtag, scheiden sie aus der Versammlung aus. Sie sind an Weisungen nicht gebunden. Sie können von den Stellen, die die Mitglieder entsandt oder vorgeschlagen haben, abberufen werden; der Wegfall einer solchen Stelle berührt die Mitgliedschaft nicht. Sie erhalten Aufwandsentschädigung und Ersatz ihrer Auslagen nach der Satzung.

(8) Scheidet ein Mitglied der Versammlung aus, so ist nach den für die Berufung des ausgeschiedenen Mitglieds geltenden Regelungen das nachfolgende Mitglied für den Rest der Amtszeit zu bestimmen.

(9) Die Versammlung wird von ihrem vorsitzenden Mitglied nach Bedarf, mindestens aber alle vier Monate einberufen. Sie ist einzuberufen, wenn dies von mindestens einem Drittel ihrer Mitglieder beantragt wird.

§ 41 Mitgliedschaft

(1) Mitglied der Versammlung kann nicht sein, wer
1. Direktorin oder Direktor oder stellvertretende Direktorin oder stellvertretender Direktor der LMK oder einer anderen Landesmedienanstalt ist,
2. Mitglied der Regierung eines deutschen Landes, der Bundesregierung oder einer Institution der Europäischen Union ist,
3. in einem Arbeits- oder Dienstverhältnis zu einer öffentlich-rechtlichen Rundfunkanstalt des Landesrechts steht oder Mitglied eines Aufsichtsorgans einer solchen Anstalt ist,
4. selbst privaten Rundfunk veranstaltet oder selbst Gesellschafterin oder Gesellschafter, Mitglied eines die Geschäftstätigkeit überwachenden Aufsichtsorgans oder in leitender Stellung Beschäftigte oder Beschäftigter eines privaten Rundfunkveranstalters ist; Beteiligungen an Aktiengesellschaften mit bis zu 1 v. H. des Kapitals oder der Stimmrechte bleiben unberücksichtigt; oder
5. in sonstiger Weise ständig oder regelmäßig, insbesondere als Beraterin oder Berater, für eine öffentlich-rechtliche Rundfunkanstalt des Landesrechts oder einen privaten Rundfunkveranstalter gegen Entgelt tätig ist.

(2) Bestehen Zweifel an der Mitgliedschaft einer Person, insbesondere hinsichtlich der persönlichen Voraussetzungen, so entscheidet die Versammlung. Gegen die Entscheidung der Versammlung kann Klage vor den Verwaltungsgerichten erhoben werden; ein Vorverfahren findet nicht statt.

§ 42 Aufgaben der Versammlung

Die Versammlung hat folgende Aufgaben:
1. Wahl des vorsitzenden Mitglieds und der zwei stellvertretenden vorsitzenden Mitglieder der Versammlung,

2. Wahl, Einstellung und Abberufung der Direktorin oder des Direktors und der stellvertretenden Direktorin oder des stellvertretenden Direktors,

3. Erlass von Satzungen, Richtlinien und der Geschäftsordnung der Versammlung,

4. Bildung von Ausschüssen, insbesondere des Ausschusses für Jugendschutz und Medieninhalte,

5. Überwachung der Ausgewogenheit der Programme in ihrer Gesamtheit und Feststellungen hierüber,

6. Entscheidung über Widersprüche gegen die Beschlüsse des Ausschusses für Jugendschutz und Medieninhalte,

7. Überwachung der Einhaltung der Bestimmungen dieses Gesetzes einschließlich des Datenschutzes und der Satzungsbestimmungen,

8. Anordnung von Ausschlussfristen,

9. Entscheidung über die Erteilung, die Verkürzung der Geltungsdauer, die Einschränkung und die Entziehung und das Ruhen von Zulassungen,

10. Entscheidung über die Zuordnung und die Entziehung von Übertragungskapazitäten,

11. Entgegennahme von Anzeigen und Entscheidung zur Heranführung von Programmen,

12. Entscheidung über die Verbreitung von Programmen in Kabelanlagen,

13. Entscheidung über Fragen der Zugangsfreiheit,

14. Entscheidung über zustimmungsbedürftige Rechtsgeschäfte der Direktorin oder des Direktors,

15. Genehmigung des Haushalts- und Wirtschaftsplans und des Jahresabschlusses, Wahl der Abschlussprüferin oder des Abschlussprüfers sowie Entlastung der Direktorin oder des Direktors,

16. Entscheidung über das Bestehen einer Mitgliedschaft in der Versammlung,

17. Zustimmung zur Zuteilung von Übertragungskapazitäten, soweit diese nicht einem Fachausschuss zugewiesen ist,

18. Entscheidung über Widersprüche gegen förmliche Bescheide der Direktorin oder des Direktors,

19. Erlass der Satzung für Medienkompetenznetzwerke sowie der Satzung für Offene Kanäle und

20. Entscheidung darüber, Fernsehkanäle in Kabelanlagen für Offene Kanäle zur Verfügung zu stellen.

§ 43 Beschlüsse

(1) Die Versammlung ist beschlussfähig, wenn mindestens die Hälfte ihrer Mitglieder anwesend ist. Die Zahl der anwesenden Mitglieder ist für die Beschlussfähigkeit ohne Bedeutung, wenn die Versammlung wegen Beschlussunfähigkeit zum zweiten Male zur Behandlung desselben Gegenstands eingeladen ist; bei der zweiten Einladung ist hierauf ausdrücklich hinzuweisen. Die Versammlung fasst ihre Beschlüsse mit einfacher Mehrheit, in den Fällen des § 42 Nr. 5, 9, 10 und 12 mit der Mehrheit ihrer gesetzlichen Mitglieder.

(2) Ein Mitglied ist nicht stimmberechtigt, wenn Gegenstand der Abstimmung eine Veranstaltung ist, für die es eine Zulassung beantragt. Gleiches gilt für ein Mitglied, das eine Organisation in der Versammlung vertritt, die selbst eine Zulassung hat oder beantragt oder die am Kapital oder an den Stimmrechtsanteilen eines solchen Rundfunkveranstalters mit 25 v. H. oder mehr oder sonst maßgeblich beteiligt ist.

§ 55 Aufgaben, Rechtsstellung, Organe

(...)

(4) Organe der LMS sind:
1. der Medienrat,
2. die Direktorin oder der Direktor.

§ 56 Zusammensetzung, Rechtsstellung, Amtszeit, Verfahren des Medienrates

(1) In den Medienrat entsenden je ein Mitglied
1. die Landesregierung,
2. jede Fraktion im Landtag des Saarlandes,
3. die Evangelische Kirche,
4. die Katholische Kirche,
5. die Synagogengemeinde Saar,
6. die staatlichen Hochschulen des Saarlandes, wobei zur Entsendung des Mitglieds der Präsident oder die Präsidentin der Universität des Saarlandes, der Rektor oder die Rektorin der Hochschule für Technik und Wirtschaft des Saarlandes, der Rektor oder die Rektorin der Hochschule für Musik Saar sowie der Rektor oder die Rektorin der Hochschule der Bildenden Künste Saar gemeinsam berechtigt sind,
7. der Landessportverband für das Saarland,
8. die saarländische Lehrerschaft,
9. der Landesjugendring Saar,
10. die Arbeitsgemeinschaft Katholischer Frauenverbände im Saarland,
11. der Saarverband der Evangelischen Frauenhilfe e.V.,
12. der Frauenrat Saarland,
13. die saarländischen Familienverbände,
14. der Deutsche Gewerkschaftsbund, Landesbezirk Saar,
15. der Deutsche Beamtenbund, Landesverband Saar,
16. der Verband der freien Berufe des Saarlandes e.V.,
17. die Vereinigung der saarländischen Unternehmensverbände e.V.,
18. die Industrie- und Handelskammer des Saarlandes,
19. die Handwerkskammer des Saarlandes,

20. die Landwirtschaftskammer für das Saarland,
21. die Arbeitskammer des Saarlandes,
22. der Saarländische Städte- und Gemeindetag,
23. der Landkreistag Saarland,
24. die saarländischen Journalistenverbände, wobei die Entsendung durch die organisierten, hauptberuflich tätigen Journalistinnen und Journalisten erfolgt,
25. der Landesausschuss für Weiterbildung,
26. die Landesakademie für musisch-kulturelle Bildung e.V.,
27. die saarländischen Natur- und Umweltschutzvereinigungen,
28. die Liga der freien Wohlfahrtspflege Saar,
29. die Behindertenverbände im Saarland,
30. die Verbraucherzentrale des Saarlandes e.V.,
31. die Landesarbeitsgemeinschaft PRO EHRENAMT.

(2) Mitglied des Medienrates kann nicht sein, wer
1. der Bundesregierung oder der Regierung eines Landes angehört; ausgenommen ist das in Absatz 1 Satz 1 Nr. 1 genannte Mitglied,
2. Mitglied eines Organs oder Bedienstete oder Bediensteter oder ständige freie Mitarbeiterin oder ständiger freier Mitarbeiter einer deutschen öffentlich-rechtlichen Rundfunkanstalt oder -körperschaft ist,
3. Bedienstete oder Bediensteter der LMS ist,
4. Veranstalterin oder Veranstalter ist oder an einem entsprechenden Unternehmen unmittelbar oder mittelbar beteiligt ist,
5. Betreiberin oder Betreiber einer Kabelanlage ist, in einem Dienst- oder Arbeitsverhältnis zu dieser oder diesem steht oder an einem entsprechenden Unternehmen unmittelbar oder mittelbar beteiligt ist.

(3) Die Mitglieder des Medienrates sind ehrenamtlich tätig. Sie sind an Aufträge und Weisungen nicht gebunden. Sie haben nach Maßgabe der Geschäftsordnung Anspruch auf Sitzungsgelder und Erstattung der Fahrt- und Reisekosten; das vorsitzführende Mitglied des Medienrates und dessen Stellvertreterin oder Stellvertreter erhalten eine zusätzliche Aufwandsentschädigung.

(4) Die Amtszeit des Medienrates beträgt vier Jahre und beginnt am 1. Januar. Der Medienrat tritt spätestens einen Monat nach Beginn der Amtszeit zusammen. Nach Ablauf der Amtszeit führt der Medienrat bis zum Zusammentritt des neuen Medienrates die Geschäfte weiter.

(5) Für die Dauer der Amtszeit wählt der Medienrat ein vorsitzführendes Mitglied und eine Stellvertreterin oder einen Stellvertreter. Der Medienrat kann das vorsitzführende Mitglied und dessen Stellvertreterin oder Stellvertreter abberufen.

(6) Wer in einem Arbeits- oder Dienstverhältnis zu einer Veranstalterin oder einem Veranstalter steht, darf als Mitglied des Medienrates nicht an Entscheidungen mitwirken, die das Programm dieser Veranstalterin oder dieses Veranstalters betreffen.

(7) Einer Rundfunkveranstalterin oder einem Rundfunkveranstalter und ihrer oder seiner gesetzlichen Vertreterin oder Beauftragten oder ihrem oder seinem gesetzlichen Vertreter oder Beauftragten ist grundsätzlich die Teilnahme an den Sitzungen des Medienrates zu gewähren, soweit ein Programm dieser Veranstalterin oder dieses Veranstalters betroffen ist. Auf Verlangen des Medienrates ist sie oder er zur Teilnahme verpflichtet.

(8) Im Übrigen finden für die Begründung und Beendigung der Mitgliedschaft sowie das Verfahren die für den Rundfunkrat des Saarländischen Rundfunks geltenden Vorschriften entsprechende Anwendung.

(9) Das Nähere regelt die Geschäftsordnung, die der Medienrat mit Mehrheit von zwei Dritteln seiner Mitglieder beschließt. Sie bedarf der Genehmigung der Rechtsaufsichtsbehörde.

§ 57 Aufgaben des Medienrates

Dem Medienrat obliegt es,
1. über die Erteilung, die Rücknahme und den Widerruf der Zulassung an private Rundfunkveranstalterinnen oder Rundfunkveranstalter zu entscheiden,
2. über Verstöße gegen die Anforderungen dieses Gesetzes durch das Programm oder einzelne Sendungen privater Programmveranstalterinnen oder Programmveranstalter zu befinden,
3. über die Untersagung der Weiterverbreitung von Rundfunkprogrammen gemäß § 54 zu befinden,
4. über Verstöße gegen die Anforderungen dieses Gesetzes durch weiter verbreitete Rundfunkprogramme zu befinden,
5. über die Zuweisung von Übertragungsmöglichkeiten zu entscheiden,

6. den jährlichen Wirtschaftsplan sowie den von einem unabhängigen Abschlussprüfer geprüften Jahresabschluss festzustellen und der Direktorin oder dem Direktor Entlastung zu erteilen,
7. die Geschäftsordnung der LMS zu erlassen,
8. Richtlinien über den Jugendschutz zu erlassen,
9. Satzungen gemäß diesem Gesetz zu erlassen,
10. über Maßnahmen nach § 55 Abs. 2 Satz 3 zu beschließen,
11. über die Versuchsbedingungen, das Verbreitungsgebiet und die Versuchsdauer eines Modellversuchs nach § 68 zu beschließen, soweit es sich nicht um einen länderübergreifenden Modellversuch handelt,
12. die Finanzordnung der LMS zu erlassen.

7. Abschnitt:
Sächsische Landesanstalt für privaten Rundfunk und neue Medien

§ 27 Rechtsform und Organe

(...)

(3) Organe der Landesanstalt sind
1. die Versammlung,
2. der Medienrat.

§ 29 Versammlung der Landesanstalt

(1) Der Versammlung gehören mindestens 31 Mitglieder an.
Von ihnen entsenden
1. ein Mitglied die Staatsregierung,
2. je ein Mitglied jede zu Beginn der Amtszeit der Versammlung bestehende Fraktion im Landtag,
3. ein Mitglied die evangelischen Kirchen,
4. ein Mitglied die römisch-katholische Kirche,
5. ein Mitglied die israelitischen Kultusgemeinden,
6. zwei Mitglieder die Verbände aus den Bereichen Kunst und Kultur,
7. zwei Mitglieder die kommunalen Spitzenverbände,
8. ein Mitglied der Deutsche Gewerkschaftsbund,
9. entfällt,
10. ein Mitglied der Deutsche Beamtenbund,
11. ein Mitglied die Vertretungen der Arbeitgeber,
12. ein Mitglied die Industrie- und Handelskammern,
13. ein Mitglied die Handwerksverbände,
14. ein Mitglied die Bauernverbände,
15. ein Mitglied die Verbände der Selbständigen,
16. ein Mitglied der Reservistenverband,
17. ein Mitglied die Vereinigungen der Opfer des Nationalsozialismus und des Stalinismus,
18. ein Mitglied die Verbände der Sorben,
19. ein Mitglied die Verbände der Vertriebenen,

20. ein Mitglied die Europäische Bewegung,
21. ein Mitglied die Verbände der Volkskultur und Heimatpflege,
22. ein Mitglied die Umwelt- und Naturschutzverbände,
23. ein Mitglied die Verbände der freien Wohlfahrtspflege,
24. ein Mitglied die Familienverbände,
25. ein Mitglied die Verbände der Behinderten,
26. ein Mitglied der Landessportbund,
27. ein Mitglied die Frauenverbände,
28. ein Mitglied der Landesjugendring,
29. ein Mitglied die Lehrer- und Hochschullehrerverbände,
30. ein Mitglied der Arbeitslosenverband.

Die Entsender sollen Frauen und Männer in angemessener Weise berücksichtigen.

(2) Die zu entsendenden Mitglieder in die Versammlung sind durch das höchste beschlussfassende Gremium einer Landesvereinigung oder einer Organisation/Gruppe zwölf Monate vor Ablauf der Amtszeit der Versammlung zu wählen.

(3) Für die in Absatz 1 Satz 2 Nr. 3 bis 30 genannten Organisationen und Gruppen haben die jeweiligen Landesvereinigungen das Entsendungsrecht. Besteht keine Landesvereinigung, legen die jeweiligen Organisationen oder Gruppen innerhalb der einzelnen Bereiche einvernehmlich fest, wer von ihnen ein Mitglied für die gesamte Amtszeit der Versammlung entsendet. Die Wahl eines Mitglieds ist spätestens einen Monat vor Ablauf der Amtszeit der Versammlung von der entsendenden Organisation oder Gruppe durchzuführen. Solange und soweit Mitglieder in die Versammlung nicht entsandt werden, verringert sich die Mitgliederzahl der Versammlung entsprechend.

(4) Die Organisationen und Gruppen nach Absatz 1 entsenden die Mitglieder in eigener Verantwortung und teilen der Landesanstalt schriftlich mit, wen sie in die Versammlung entsenden. Der Vorsitzende der amtierenden Versammlung stellt die formale Ordnungsmäßigkeit der Entsendung fest. Erweist sich eine solche Feststellung nachträglich als unrichtig, so stellt die Versammlung den Verlust der Mitgliedschaft fest.

(5) Solange und soweit Mitglieder in die Versammlung nicht entsandt werden, verringert sich deren gesetzliche Mitgliederzahl entsprechend. Scheidet ein Mitglied aus der Versammlung aus, ist für den Rest der Amtszeit ein Nachfolger nach den für die Entsendung des ausscheidenden Mitglieds

geltenden Vorschriften zu bestimmen. Die entsendende Organisation oder Gruppe kann das von ihr entsandte Mitglied bei seinem Ausscheiden aus dieser Organisation oder Gruppe abberufen.

(6) Mitglied der Versammlung kann nicht sein, wer nach den Grundsätzen des Artikels 119 der Verfassung des Freistaates Sachsen nicht die Eignung für den öffentlichen Dienst besitzt. In die Versammlung darf nicht entsandt werden, wer privater Rundfunkveranstalter oder gewerblicher Plattformanbieter ist, zu solchen in einem Dienst- oder Arbeitsverhältnis steht, von ihnen in sonstiger Weise abhängig, an ihnen wesentlich beteiligt oder in einem Organ eines privaten Rundfunkveranstalters oder gewerblicher Plattformanbieters tätig ist; dies gilt nicht im Fall von öffentlich-rechtlichen Religionsgemeinschaften im Sinn von Art. 140 des Grundgesetzes für die Bundesrepublik Deutschland. Gleiches gilt für Angehörige von Organen öffentlich-rechtlicher Rundfunkanstalten oder von ihnen beeinflusster privatrechtlicher Gesellschaften oder bei sonstigen Mitarbeitern öffentlich-rechtlicher Rundfunkanstalten oder von diesen beeinflusster privatrechtlicher Gesellschaften. Die in Absatz 1 Nr. 2 bis 30 aufgeführten Mitglieder dürfen nicht Mitglied des Europäischen Parlaments oder der Kommission der Europäischen Union sein, einem Gesetzgebungsorgan oder der Regierung des Bundes oder einer Landesregierung, die in Abs. 1 Nr. 3 bis 30 aufgeführten Mitglieder nicht dem Landtag angehören.

(7) Die Mitglieder der Versammlung sind an Aufträge und Weisungen nicht gebunden.

(8) Die Mitglieder der Versammlung werden jeweils für sechs Jahre entsandt; die Amtszeit beginnt mit der ersten Sitzung der Versammlung. Nach Ablauf der Amtszeit führt die Versammlung die Geschäfte bis zum Zusammentritt der neuen Versammlung weiter.

(9) Die Mitglieder der Versammlung sind ehrenamtlich tätig. Sie erhalten eine Aufwandsentschädigung, welche die Landesanstalt durch Satzung festlegt; die Satzung bedarf der Genehmigung durch die Rechtsaufsichtsbehörde.

§ 30 Arbeitsweise und Aufgaben der Versammlung

(1) Die Versammlung wählt aus ihrer Mitte einen Vorsitzenden und bis zu zwei Stellvertreter. Sie gibt sich eine Geschäftsordnung, die insbesondere

Bestimmungen über Form und Frist der Einladungen zu den Sitzungen und über den Geschäftsgang enthält.

(2) Die Versammlung tritt nach Bedarf, mindestens aber viermal im Jahr zu einer Sitzung zusammen. Der Vorsitzende der Versammlung beruft die Sitzungen ein und leitet sie. Auf Antrag wenigstens eines Drittels der Mitglieder muss die Versammlung zu einer Sitzung einberufen werden.

(3) Die Sitzungen der Versammlung sind nicht öffentlich. Für bestimmte Angelegenheiten kann die Versammlung öffentliche Sitzungen beschließen. Veranstalter oder deren Vertreter können auf Beschluss der Versammlung zu Sitzungen hinzugezogen werden, soweit die von ihnen veranstalteten Programme betroffen sind. Die Bestimmungen des Verwaltungsverfahrensrechts über den Ausschluss von Personen und die Befangenheit in Verwaltungsverfahren bleiben unberührt.

(4) An den Sitzungen der Versammlung nimmt der Präsident des Medienrates oder ein anderer Sachverständiger des Medienrates teil. Er unterrichtet die Versammlung über alle wichtigen Angelegenheiten sowie über die anstehenden Entscheidungen.

(5) Die Versammlung ist beschlussfähig, wenn alle Mitglieder geladen wurden und die Mehrheit ihrer Mitglieder anwesend ist. Ohne Rücksicht auf die Zahl der Erschienenen ist die Versammlung beschlussfähig, wenn eine nach Satz 1 beschlussunfähige Versammlung binnen angemessener Frist erneut einberufen wird.

(6) Die Abstimmungen erfolgen offen. Bei Wahl- und Personalentscheidungen muss auf Verlangen geheim abgestimmt werden. Beschlüsse werden mit Mehrheit der abgegebenen Stimmen gefasst, sofern keine andere Regelung getroffen ist. Dasselbe gilt für Wahlen.

(7) Die Versammlung kann für bestimmte Aufgabengebiete zur Vorbereitung ihrer Entscheidungen Ausschüsse bilden.

(8) Aufgabe der Versammlung ist die Aufsicht über die veranstalteten Programme und ihre Bewertung insbesondere hinsichtlich der Einhaltung der Programmgrundsätze und des Schutzes von Kindern und Jugendlichen, soweit nicht die Zuständigkeit der Kommission für Jugendmedienschutz gegeben ist. Die Versammlung unterrichtet den Medienrat über ihre Feststellungen. Der Medienrat berücksichtigt bei seiner Entscheidung die Stellungnahme der Versammlung in angemessener Weise. Weicht der Medienrat

bei seiner Entscheidung von der Stellungnahme der Versammlung ab, hat er dies zu begründen.

(9) Jeder hat das Recht, sich mit einer Beschwerde, die die Nichteinhaltung von Vorschriften des 3. Abschnitts dieses Gesetzes durch Veranstalter betrifft, an die Versammlung zu wenden. Die Versammlung leitet die Beschwerde mit einer wertenden Stellungnahme an den Medienrat weiter.

(10) Die Versammlung berät den Medienrat im Rahmen der Mitwirkung nach § 32 Absatz 7a.

(11) Bei der Besetzung der Stelle des Geschäftsführers ist die Versammlung zu hören.

(12) Die Versammlung soll Empfehlungen zur Medienpädagogik herausgeben, die sich an die Veranstalter wenden. Die Versammlung erarbeitet Vorschläge für Projekte zur Förderung von Medienkompetenz.

(13) Die Versammlung kann den Medienrat auffordern, Maßnahmen im Rahmen von § 28 Absatz 1 zu ergreifen, wenn sie insoweit Handlungsbedarf feststellt. Soweit der Medienrat keine Maßnahmen für erforderlich hält, ist diese Entscheidung gegenüber der Versammlung zu begründen.

(14) Die Versammlung erhält vor der Feststellung des Haushaltsplans Gelegenheit, zum Haushaltsplanentwurf Stellung zu nehmen.

§ 31 Medienrat

(1) Der Medienrat besteht aus fünf Sachverständigen, die aufgrund ihrer Erfahrungen und Sachkunde in besonderer Weise befähigt sind, die Aufgaben nach diesem Gesetz wahrzunehmen; Frauen und Männer sollen in angemessener Weise berücksichtigt werden. Die Sachverständigen müssen besondere Eignung auf dem Gebiet der Medienwirtschaft, der Medienwissenschaft, der Rechtswissenschaft, der Medienpädagogik, der Rundfunktechnik, des Journalismus oder sonstiger Kommunikationsbereiche nachweisen.

(2) Die fünf Sachverständigen des Medienrates werden vom Landtag mit einer Mehrheit von zwei Dritteln seiner Mitglieder gewählt. Erhalten im ersten Wahlgang nicht genügend Kandidaten die erforderliche Mehrheit, wird ein weiterer Wahlgang durchgeführt. Erhalten auch im weiteren Wahlgang nicht genügend Kandidaten die erforderliche Mehrheit, werden weitere

Wahlgänge nach den Vorgaben des Absatzes 3 durchgeführt. Erhalten mehr Kandidaten die erforderliche Mehrheit, als Sachverständige zu wählen sind, so sind die Kandidaten mit den höchsten Stimmenzahlen gewählt.

(3) Sind nach Absatz 2 Satz 3 weitere Wahlgänge erforderlich, stehen zu diesen jeweils höchstens so viele der nicht gewählten Kandidaten mit den nächst niedrigeren Stimmenzahlen zur Wahl, wie sie dem Dreifachen der Zahl der noch nicht besetzten Sitze von Sachverständigen des Medienrates entsprechen. Entfallen hierbei auf die letzte Stelle der Reihenfolge nach Stimmenzahl zwei oder mehrere Kandidaten mit gleich vielen Stimmen, so werden diese Kandidaten alle in den Wahlgang einbezogen. Abs. 2 Satz 4 gilt entsprechend.

(4) Die einzelnen in der Versammlung nach § 29 Abs. 1 Nr. 3 bis 30 vertretenen Organisationen und Gruppen, die Organisationen und Gruppen aus dem Medienbereich mit überregionaler Bedeutung sowie die Organe der Landesanstalt sind berechtigt, jeweils bis zu drei Sachverständige vorzuschlagen. Für das Vorschlagsverfahren gilt § 29 Abs. 2 nicht. Die Vorschläge sind bis spätestens drei Monate vor Ablauf der Amtszeit des Medienrates gegenüber dem Präsidium des Sächsischen Landtages abzugeben; dem Vorschlag sind beizufügen:
1. die schriftliche Erklärung des Vorgeschlagenen, dass er für die Wahl durch den Sächsischen Landtag als Kandidat zur Verfügung steht;
2. Angaben zur Person des Vorgeschlagenen, aus denen sich ergibt, dass er die Voraussetzungen des Abs. 1 erfüllt. Das Präsidium kann gegenüber dem Landtag Stellung nehmen, ob bei jedem Vorschlag die Voraussetzungen nach diesem Gesetz vorliegen.

(5) Sachverständiger des Medienrates darf nicht sein, wer
1. Mitglied der Regierung des Bundes oder eines Landes oder Mitglied der gesetzgebenden oder beschließenden Organe der Europäischen Gemeinschaften, des Europarates, des Bundes oder eines Landes ist,
2. Mitglied der Versammlung der Landesanstalt ist,
3. Mitglied eines Organs einer öffentlich-rechtlichen Rundfunkanstalt ist oder bei einer öffentlich-rechtlichen Rundfunkanstalt oder einer ihrer Tochtergesellschaften beschäftigt oder ständiger freier Mitarbeiter ist oder diesen in sonstiger Weise angehört,
4. in Sachsen oder bundesweit zugelassener Rundfunkveranstalter ist oder in einem Beschäftigungsverhältnis zu einem solchen Veranstalter steht, dem Aufsichtsrat eines solchen Veranstalters angehört, Anteile an einem

solchen Veranstalter besitzt oder in sonstiger Weise einem solchen Veranstalter wirtschaftlich verbunden oder von ihm abhängig ist,

5. gewerblicher Plattformanbieter ist oder in einem Beschäftigungsverhältnis zu einem solchen Anbieter steht oder in sonstiger Weise einem solchen Anbieter wirtschaftlich verbunden oder von ihm abhängig ist,

6. nach den Grundsätzen des Artikels 119 der Verfassung des Freistaates Sachsen nicht die Eignung für den öffentlichen Dienst besitzt,

7. kommunaler Wahlbeamter, Bediensteter oberster Bundesbehörden, oberster Landesbehörden oder Beamter ist, der jederzeit in den einstweiligen Ruhestand versetzt werden kann,

8. Beschäftigter der Landesanstalt oder Beschäftigter anderer Landesmedienanstalten ist.

Tritt ein Ausschlussgrund nach Satz 1 nachträglich ein, scheidet der Sachverständige aus dem Medienrat aus; der Medienrat stellt das Vorliegen eines Ausschlussgrundes fest.

(6) Scheidet ein Sachverständiger des Medienrates vorzeitig aus, so ist innerhalb von drei Monaten ein Nachfolger für die verbleibende Amtszeit zu wählen.

(7) Die Mitgliedschaft im Medienrat endet unter den Voraussetzungen, unter denen ein Richterverhältnis nach § 24 des Deutschen Richtergesetzes endet. § 86 des Verwaltungsverfahrensgesetzes bleibt unberührt.

(8) Die Sachverständigen des Medienrates sind an Aufträge und Weisungen nicht gebunden. Sie dürfen keine Sonderinteressen vertreten, die geeignet sind, die Erfüllung ihrer Aufgaben zu gefährden.

(9) Die Sachverständigen des Medienrates sind ehrenamtlich tätig. Sie erhalten eine Aufwandsentschädigung, welche die Landesanstalt durch Satzung festlegt; die Satzung bedarf der Genehmigung durch die Rechtsaufsichtsbehörde.

(10) Die Amtszeit des Medienrates beträgt sechs Jahre. Sie beginnt mit dem Tage der konstituierenden Sitzung des Medienrates. Nach Ablauf der Amtszeit führt der Medienrat die Geschäfte bis zur konstituierenden Sitzung des neugewählten Medienrates weiter. Die einmalige Wiederwahl von Sachverständigen des Medienrates ist zulässig.

(11) Die konstituierende Sitzung des Medienrates findet spätestens einen Monat nach der Wahl der Sachverständigen nach Absatz 2 statt. Sie wird

vom Ministerpräsidenten einberufen und vom ältesten Sachverständigen bis zur Wahl des Präsidenten geleitet.

§ 32 Arbeitsweise und Aufgaben des Medienrates

(1) Der Medienrat wählt aus seiner Mitte den Präsidenten und den Vizepräsidenten. Der Präsident oder der Vizepräsident soll die Befähigung zum Richteramt haben. Der Präsident vertritt die Landesanstalt gerichtlich und außergerichtlich; er kann den Geschäftsführer damit beauftragen. Er ist Vorsitzender im Sinne des § 35 Abs. 4 Halbsatz 1 RStV.

(2) Der Medienrat tritt mindestens einmal im Vierteljahr zu einer ordentlichen Sitzung zusammen. Auf Verlangen jedes Sachverständigen ist eine außerordentliche Sitzung einzuberufen.

(3) Der Medienrat tagt in nichtöffentlicher Sitzung. Der Geschäftsführer nimmt an den Sitzungen teil.

(4) Beschlüsse des Medienrates werden in offener Abstimmung mit Mehrheit der abgegebenen Stimmen gefasst. Der Medienrat ist beschlussfähig, wenn mindestens drei Sachverständige anwesend sind. Bei Wahl- und Personalentscheidungen muss auf Verlangen geheim abgestimmt werden. Die Zustimmung von vier Sachverständigen des Medienrates ist erforderlich
1. für Beschlüsse über die Rücknahme (§ 40) oder den Widerruf (§ 41) der Zulassung,
2. für die Feststellung, dass für einen Sachverständigen des Medienrates ein Ausschlussgrund (§ 31 Abs. 5) vorliegt.

(5) Der Medienrat gibt sich eine Geschäftsordnung, die insbesondere Bestimmungen über die Beschlussfassung im Umlaufverfahren enthält.

(6) Der Medienrat nimmt die Aufgaben der Landesanstalt wahr, soweit nicht durch dieses Gesetz eine andere Zuständigkeit bestimmt ist.

(7) Der Medienrat hat insbesondere folgende Aufgaben:
1. Entscheidungen über die Erteilung, die Rücknahme und den Widerruf einer Zulassung,
2. Entscheidungen über Fragen von grundsätzlicher medienrechtlicher und medien- sowie standortpolitischer Bedeutung,
3. Prüfung der Unterlagen nach § 9,

4. Entscheidungen über Aufsichtsmaßnahmen und über Programmbeschwerden auf der Grundlage der Stellungnahmen der Versammlung (§ 30 Abs. 8),

5. Entscheidungen zur Sicherung der Meinungs- und Angebotsvielfalt,

6. Aufstellung und Feststellung des Haushaltsplans und des Finanzplans sowie des Jahresabschlusses der Landesanstalt,

7. Beschlussfassung über Satzungen und Richtlinien,

7a. Mitwirkung im Rahmen von § 15 Jugendmedienschutz-Staatsvertrag, insbesondere bei der Erstellung von Satzungs- und Richtlinienentwürfen für die Kommission für Jugendmedienschutz,

8. Entscheidungen über Personalfragen,

9. Entscheidungen über Förderungsmaßnahmen,

10. Feststellung und Bewertung der Übersicht über Kabelanlagen in Sachsen (§ 28 Abs. 1 Nr. 6),

11. Entscheidungen über Maßnahmen nach § 28 Absatz 1 auf Initiative der Versammlung (§ 30 Abs. 13).

Abschnitt 6: Medienanstalt Sachsen-Anhalt

§ 40 Rechtsform, Recht auf Selbstverwaltung, Sitz, Organe und Fachausschüsse

(…)

(4) Organe der Medienanstalt Sachsen-Anhalt sind die Versammlung und der Vorstand. § 35 Abs. 2 des Rundfunkstaatsvertrages in Verbindung mit § 36 des Rundfunkstaatsvertrages sowie § 14 Abs. 1 und 2 des Jugendmedienschutz-Staatsvertrages bleiben unberührt.

(5) Die Versammlung kann zur Vorbereitung ihrer Beschlüsse Fachausschüsse bilden. Eine Aufgabenzuweisung nach einzelnen Rundfunkveranstaltern ist unzulässig. § 44 Abs. 5 und 6 gilt entsprechend.

§ 42 Zusammensetzung und Amtszeit der Versammlung

(1) Die Versammlung besteht aus mindestens 25 Mitgliedern. Von ihnen entsenden

1. fünf Mitglieder die im Landtag vertretenen Parteien oder Gruppierungen entsprechend dem Verhältnis der bei der vorausgegangenen Wahl zum Landtag errungenen Landtagsmandate nach dem Höchstzahlverfahren d'Hondt,

2. je ein Mitglied jede Partei oder Gruppierung, die zu Beginn der Amtszeit der Versammlung mit einer Fraktion im Landtag vertreten ist und nicht bereits nach Nummer 1 ein Mitglied entsendet,

3. ein Mitglied die evangelischen Landeskirchen, die auf dem Territorium des Landes Sachsen-Anhalt bestehen,

4. ein Mitglied die römisch-katholische Kirche,

5. ein Mitglied die jüdischen Gemeinden,

6. ein Mitglied die Vertretungen der Arbeitnehmer,

7. ein Mitglied die Vertretungen der Arbeitgeber,

8. ein Mitglied die Handwerksverbände,

9. ein Mitglied die Bauernverbände,

10. ein Mitglied die Vereinigung der Opfer des Stalinismus,
11. ein Mitglied die Vereinigung der Opfer des Nationalsozialismus,
12. ein Mitglied die Landesfrauenorganisationen,
13. ein Mitglied der Kinder- und Jugendring Sachsen-Anhalt e.V.,
14. ein Mitglied die Landesarbeitsgemeinschaft der Familienverbände Sachsen-Anhalt,
15. acht weitere Mitglieder gesellschaftlich bedeutsame Organisationen, die vom Landtag bestimmt werden.

(2) Mitglied der Versammlung kann nur sein, wer
1. zum Landtag wählbar ist;
2. nicht Mitglied der Bundesregierung oder der Regierung eines deutschen Landes ist;
3. nicht Mitglied des Landtages ist, es sei denn, er wird nach Absatz 1 Satz 2 Nrn. 1 oder 2 entsandt;
4. nicht in einem Arbeits- oder Dienstverhältnis zu einem öffentlich-rechtlichen Rundfunkveranstalter steht oder Mitglied eines Aufsichtsorgans eines solchen Rundfunkveranstalters ist;
5. nicht Rundfunkveranstalter oder Betreiber einer technischen Übertragungseinrichtung ist oder für die Verbreitung oder Weiterverbreitung eines Rundfunkprogramms nach Abschnitt 5 dieses Gesetzes verantwortlich ist;
6. nicht in einem Arbeits- oder Dienstverhältnis zu einem Rundfunkveranstalter, Betreiber oder Verantwortlichen im Sinne von Nummer 5 steht, nicht von diesem abhängig ist und nicht an einem entsprechenden Unternehmen beteiligt ist; veranstaltet eine Organisation oder Gruppe nach Absatz 1 ein Rundfunkprogramm, steht ein Arbeits- oder Dienstverhältnis zu ihr der Mitgliedschaft nicht entgegen;
7. nicht in einem Dienst- oder Arbeitsverhältnis zu einem Gesellschafter eines Rundfunkveranstalters steht, wenn der Rundfunkveranstalter eine Gesellschaft ist, und
8. die für die Aufnahme in den öffentlichen Dienst des Landes geltenden Voraussetzungen erfüllt.

(3) Die Medienanstalt Sachsen-Anhalt schreibt spätestens sechs Monate vor Ablauf der Amtszeit der Versammlung die in der folgenden Amtszeit der Versammlung zu besetzenden Stellen im Ministerialblatt für das Land Sachsen-Anhalt aus. Für die Medienanstalt Sachsen-Anhalt besteht keine weitergehende Unterrichtungspflicht der in Absatz 1 Satz 2 Nrn. 1 bis 15

genannten Organisationen, Gruppen und sonstigen Einrichtungen über die Neubesetzung der Versammlung.

(4) Für die in Absatz 1 Satz 2 Nrn. 3 bis 14 genannten Organisationen und Gruppen entsenden die jeweiligen Landesvereinigungen die Mitglieder der Versammlung. Die Organisationen und Gruppen nach Absatz 1 Satz 2 Nrn. 3 bis 14 bestimmen jeweils intern das sie in der Versammlung vertretende Mitglied.

(5) Gesellschaftlich bedeutsame Organisationen und Gruppen nach Absatz 1 Satz 2 Nr. 15, die in Sachsen-Anhalt wirken, können sich spätestens vier Monate vor Ablauf der Amtszeit der Versammlung beim Landtag um die Einräumung eines Entsendungsrechts bewerben. Auf der Grundlage dieser Bewerbungen benennen die einzelnen Fraktionen jeweils so viele Organisationen oder Gruppen, wie sich nach dem Höchstzahlverfahren d'Hondt aus der Fraktionsstärke ergibt. Sie bezeichnen gegenüber dem Präsidenten des Landtags nacheinander in der Reihenfolge der Höchstzahlen jeweils eine Organisation oder Gruppe. Das Ergebnis dieses Verfahrens stellt der Landtag durch Beschluss fest. Das Entsendungsrecht der so bestimmten Organisationen und Gruppen besteht für die gesamte Amtszeit der Versammlung der Medienanstalt Sachsen-Anhalt.

(6) Die Organisationen und Gruppen nach Absatz 1 Satz 2 Nrn. 1 bis 14 teilen der Medienanstalt Sachsen-Anhalt schriftlich mit, wen sie in die Versammlung entsenden. Die Benennung der nach Absatz 1 Satz 2 Nr. 15 zu entsendenden Mitglieder erfolgt durch schriftliche Mitteilung des Landtages an die Medienanstalt Sachsen-Anhalt. Der Vorsitzende der amtierenden Versammlung stellt die Ordnungsmäßigkeit der Entsendung fest. Erweist sich eine solche Feststellung nachträglich als unrichtig, so ist Absatz 8 anzuwenden.

(7) Solange und soweit Mitglieder in die Versammlung nicht entsandt werden, verringert sich die Mitgliederzahl entsprechend. Scheidet ein Mitglied aus der Versammlung aus, ist für den Rest der Amtszeit ein Nachfolger nach den für die Entsendung des ausscheidenden Mitgliedes geltenden Vorschriften zu bestimmen.

(8) Die Versammlung stellt den Verlust der Mitgliedschaft fest.

(9) Die Amtszeit der Versammlung beträgt sechs Jahre und beginnt mit ihrem ersten Zusammentritt. Nach Ablauf der Amtszeit führt die Versammlung die Geschäfte bis zum Zusammentritt der neuen Versammlung weiter.

§ 43 Aufgaben der Versammlung

(1) Die Versammlung ist vorbehaltlich der Zuständigkeiten der Kommission für Zulassung und Aufsicht (ZAK), der Gremienvorsitzendenkonferenz (GVK), der Kommission zur Ermittlung der Konzentration im Medienbereich (KEK) und der Kommission für Jugendmedienschutz (KJM) zuständig,

1. für die Aufgabe der Medienanstalt Sachsen-Anhalt als Aufsichtsbehörde über Telemedien nach § 1 Abs. 2 des Gesetzes in Verbindung mit § 59 Abs. 2 und 6 des Rundfunkstaatsvertrages,

2. im Bereich des Jugendmedienschutzes gemäß § 4 Abs. 1 in Verbindung mit:

   a) § 9 Abs. 2 und § 15 Abs. 2 des Jugendmedienschutz-Staatsvertrages mit den übrigen Landesmedienanstalten im Benehmen mit den in der Arbeitsgemeinschaft der öffentlich-rechtlichen Rundfunkanstalten zusammengeschlossenen Landesrundfunkanstalten und dem Zweiten Deutschen Fernsehen übereinstimmende Satzungen und Richtlinien zur Durchführung des Jugendmedienschutz-Staatsvertrages zu erlassen,

   b) § 15 Abs. 2 Satz 2 des Jugendmedienschutz-Staatsvertrages gemeinsam mit den zuständigen Organen der übrigen Landesmedienanstalten mit den in der Arbeitsgemeinschaft der öffentlich-rechtlichen Rundfunkanstalten zusammengeschlossenen Landesrundfunkanstalten, dem Zweiten Deutschen Fernsehen und der Kommission für Jugendmedienschutz einen gemeinsamen Erfahrungsaustausch in der Anwendung des Jugendmedienschutz-Staatsvertrages durchzuführen,

   c) § 17 Abs. 1 des Jugendmedienschutz-Staatsvertrages über die Beantragung der Einleitung von Prüfverfahren bei der Kommission für Jugendmedienschutz zu beschließen,

   d) § 17 Abs. 3 des Jugendmedienschutz-Staatsvertrages Berichte der Kommission für Jugendmedienschutz auszuwerten,

   e) sonstigen, die Zuständigkeit der Medienanstalt Sachsen-Anhalt begründenden Regelungen des Jugendmedienschutz-Staatsvertrages Aufgaben des Jugendmedienschutz-Staatsvertrages wahrzunehmen, soweit die Zuständigkeiten des Vorstands nach § 46 und der Kommission für Jugendmedienschutz nicht betroffen sind,

3. dem Landtag über die Durchführung der Bestimmungen des Jugendmedienschutz-Staatsvertrages nach Maßgabe von § 4 Abs. 2 zu berichten,

4. Aufgaben nach § 4 Abs. 3 und 4 wahrzunehmen,
5. die Organisation der Regionalfensterprogramme mit den übrigen Landesmedienanstalten nach § 8 abzustimmen,
6. Zuständigkeiten der Medienanstalt Sachsen-Anhalt nach § 9 wahrzunehmen,
7. über die Zulassung, die Durchführung eines Ausschreibungsverfahrens bei der Verlängerung einer Zulassung, die Verlängerung und das Ruhen einer Zulassung zu entscheiden und nachträgliche Änderungen der mit der Zulassung erfolgten Festlegungen nach § 17 Abs. 1, 2 und 4 Satz 2 zu bewilligen sowie Ausnahmen nach § 10 Abs. 2 zu genehmigen,
8. unbeschadet der Regelungen der §§ 20 bis 39a des Rundfunkstaatsvertrages Feststellungen nach § 12 Abs. 3 Satz 2 in Verbindung mit § 12 Abs. 3 Satz 1 zu treffen und gemäß § 12 Abs. 3 Satz 3 über Anträge auf rundfunkrechtliche Unbedenklichkeit zu entscheiden,
9. zur Bestimmung eines Mitglieds der Medienanstalt Sachsen-Anhalt für den Wahlvorschlag zur Berufung der Mitglieder der KEK nach § 12 Abs. 1 Satz 2 dieses Gesetzes in Verbindung mit § 35 Abs. 5 Satz 1 Nr. 2 und Satz 8 des Rundfunkstaatsvertrages,
10. für die Wahrnehmung der Aufgaben nach § 12 Abs. 1 Satz 2 dieses Gesetzes in Verbindung mit § 35 des Rundfunkstaatsvertrages,
11. für das Zur-Verfügung-Stellen der notwendigen personellen und sachlichen Mittel für die Organe nach § 35 Abs. 2 des Rundfunkstaatsvertrages gemäß § 12 Abs. 1 Satz 2 dieses Gesetzes in Verbindung mit § 35 Abs. 10 Satz 1 des Rundfunkstaatsvertrages,
12. für den Erlass einer Satzung zur Finanzierung und Wirtschaftsführung der Organe nach § 35 Abs. 2 des Rundfunkstaatsvertrages gemäß § 12 Abs. 1 Satz 2 dieses Gesetzes in Verbindung mit § 35 Abs. 10 Satz 4 des Rundfunkstaatsvertrages,
13. für den Erlass einer Satzung zur Kostenerhebung im Rahmen des Regelungsgegenstandes des § 35 Abs. 11 des Rundfunkstaatsvertrages gemäß § 12 Abs. 1 Satz 2 dieses Gesetzes in Verbindung mit § 35 Abs. 11 Satz 2 des Rundfunkstaatsvertrages,
14. Aufgaben der Medienanstalt Sachsen-Anhalt bei Pilotprojekten und der Medienforschung gemäß § 20 wahrzunehmen,
15. eine Satzung über Offene Kanäle nach Maßgabe von § 21 Abs. 1 und 7 zu erlassen,
16. über die Ablehnung von Beiträgen oder Sendungen nach § 21 Abs. 2 zu beschließen,

17. über die Festlegung der unentgeltlichen Nutzung eines Fernsehkanals für einen Offenen Kanal gemäß § 21 Abs. 5 zu beschließen,

18. gemäß § 21 Abs. 6 Satz 6 den Aufbau und den Betrieb Offener Kanäle zu fördern,

19. gemäß § 22 Abs. 4 im Einvernehmen mit dem Veranstalter nicht kommerziellen lokalen Hörfunks die Nutzung der ihm zugewiesenen Übertragungskapazitäten zu bestimmten Zeiten auch für Offene Kanäle festzulegen,

20. eine Satzung zum nicht kommerziellen lokalen Hörfunk nach § 22 Abs. 5 zu erlassen,

21. Vereinbarungen mit anderen Rundfunkveranstaltern über die Lieferung von Programmteilen nach § 22 Abs. 6 zu genehmigen,

22. Entscheidungen über Ausnahmen von der Aufzeichnungs- und Aufbewahrungspflicht und ihrer Verlängerung nach § 25 Abs. 2 zu treffen,

23. über Beschwerden in den Fällen des § 27 Abs. 3 Satz 2 zu beschließen,

24. in den Fällen des § 32 Abs. 2 Satz 4 in Verbindung mit § 32 Abs. 3 des Rundfunkstaatsvertrages den Programmbeirat zu hören und in den Fällen des § 32 Abs. 2 Satz 4 in Verbindung mit § 32 Abs. 5 des Rundfunkstaatsvertrages Mitteilungen auszuwerten und nach Maßgabe von § 32 Abs. 2 Satz 4 in Verbindung mit § 32 Abs. 6 des Rundfunkstaatsvertrages Entscheidungen zu treffen und sonstige Aufgaben der Medienanstalt Sachsen-Anhalt nach § 32,

25. Übergangsfristen nach § 30 Abs. 2 einzuräumen,

26. über Vereinbarungen zur Zuordnung von Übertragungskapazitäten nach § 33 Abs. 2 Satz 3 sowie über Stellungnahmen an die zuständige oberste Landesbehörde nach § 33 Abs. 2, 4, 5 und 8 zu beschließen,

27. über die Abgabe von Anträgen an die zuständige oberste Landesbehörde auf Freigabe zur Planung terrestrischer Übertragungskapazitäten gemäß § 33 Abs. 4 oder 5 zu beschließen,

28. über die Zuweisung von Übertragungskapazitäten nach Maßgabe von § 19 Abs. 2 Satz 6, § 33 Abs. 6, § 33b und § 35 Abs. 2 Satz 3 und 4 zu beschließen,

29. auf Übertragungskapazitäten nach § 33 Abs. 7 zu verzichten,

30. im Rahmen der Zuständigkeit der Medienanstalt Sachsen-Anhalt Aufgaben nach § 33b wahrzunehmen,

31. nach Maßgabe von § 34 Abs. 2 Satz 1 über den Abschluss einer Vereinbarung mit öffentlich-rechtlichen Rundfunkveranstaltern und privaten Rundfunkveranstaltern über das Vorliegen der Voraussetzungen und

über die Maßnahmen für eine Umstellung von der analogen auf die digitale Übertragungstechnik zu entscheiden,

32. die Öffentlichkeit über Umstellungsmaßnahmen auf die digitale Übertragungstechnik gemäß § 34 Abs. 2 Satz 4 zu informieren,

33. in einem gemeinsamen Bericht mit den öffentlich-rechtlichen Rundfunkveranstaltern nach jeweils zwei Jahren die zuständige oberste Landesbehörde über den Sachstand der Umstellungsmaßnahmen im Sinne von § 34 Abs. 8 Satz 1 und der Überprüfung der in § 39 bestimmten Regelungen zu informieren,

34. nach Maßgabe der §§ 36, 37 und 38b, im Rahmen der Zuständigkeit der Medienanstalt Sachsen-Anhalt über die Belegung der Kabelkanäle und Plattformen mit Rundfunkprogrammen sowie vergleichbaren Telemedien zu entscheiden und hierzu notwendige Auskünfte und Unterlagen von den Antragstellern einzuholen und auszuwerten,

35. im Rahmen der Zuständigkeit der Medienanstalt Sachsen-Anhalt Aufgaben der Landesmedienanstalt nach den §§ 38a bis 38 f. wahrzunehmen,

36. die Hauptsatzung nach § 40 Abs. 2 Satz 4 und Satzungen nach § 40 Abs. 2 Satz 3 in Verbindung mit § 48 Abs. 2 Satz 1, § 51 Abs. 4 Satz 1 und § 52 Abs. 4 und § 53 Abs. 1 und 3 zu erlassen,

37. die Aufgaben nach § 40 Abs. 5 wahrzunehmen,

38. Wahrnehmung der Aufgaben des § 41 Abs. 1, soweit der Aufgabenbereich des Vorstands nach § 46 nicht betroffen ist,

39. gemäß § 41 Abs. 2 über die Unterstützung medienpädagogischer Maßnahmen und sonstiger Maßnahmen zur Förderung der Medienkompetenz, des Jugendmedienschutzes und des Medienstandorts Sachsen-Anhalt zu beschließen,

40. Mitteldeutschland als länderübergreifenden Medienstandort im Rahmen eines Arbeitskreises der mitteldeutschen Landesmedienanstalten nach Maßgabe von § 41 Abs. 4 zu fördern und mit den übrigen Landesmedienanstalten in der Bundesrepublik Deutschland zusammenzuarbeiten,

41. gemäß § 41 Abs. 5 über die Beteiligung der Medienanstalt Sachsen-Anhalt an privatrechtlichen Unternehmen zu beschließen,

42. den Verlust der Mitgliedschaft nach § 42 Abs. 8 festzustellen,

43. den Haushaltsplan gemäß § 50 Abs. 2 festzustellen,

44. für die Genehmigung der Jahresrechnung und die Entlastung des Vorstands nach § 50 Abs. 3 Satz 1 in Verbindung mit § 109 Abs. 2 und 3 der Landeshaushaltsordnung des Landes Sachsen-Anhalt,

45. die zweijährige Finanzplanung nach § 50 Abs. 5 zu beschließen,
46. Entscheidungen nach § 51 Abs. 1 zu treffen,
47. Richtlinien nach § 53 Abs. 1 zu beschließen,
48. die Aufgaben der Medienanstalt Sachsen-Anhalt nach Abschnitt 7 dieses Gesetzes, unter Berücksichtigung der Regelung des § 19 Abs. 2 Satz 5, unbeschadet der Regelung in § 46 Abs. 1 Satz 1 Nr. 4 und des § 55 wahrzunehmen,
49. Ordnungswidrigkeiten gemäß § 63 Abs. 3 und nach dem Jugendmedienschutz-Staatsvertrag zu ahnden und
50. Bestimmungen nach § 63 Abs. 4 zu treffen.

(2) Die Versammlung ist oberste Dienstbehörde der Beamten der Medienanstalt Sachsen-Anhalt. Sie entscheidet über die Ernennung und Entlassung der Beamten und ihre Versetzung in den Ruhestand und beschließt über die Einstellung, Eingruppierung und Entlassung von Angestellten und Arbeitern. Die Befugnis kann durch die Hauptsatzung für bestimmte Gruppen von Bediensteten auf den Vorstand übertragen werden.

(3) Die Versammlung bestellt den Direktor. Ferner bestimmt die Versammlung vorbehaltlich der Regelungen des § 49 den Aufgabenbereich des Direktors in der Hauptsatzung.

§ 44 Arbeitsweise der Versammlung

(1) Die Versammlung ist beschlussfähig, wenn alle Mitglieder rechtzeitig geladen worden sind und mindestens zwei Drittel ihrer Mitglieder anwesend sind.

(2) Ist eine Angelegenheit wegen Beschlussunfähigkeit zurückgestellt worden und wird die Versammlung zur Behandlung desselben Gegenstands erneut geladen, so ist sie ohne Rücksicht auf die Zahl der Erschienenen beschlussfähig, wenn darauf in der erneuten Ladung hingewiesen worden ist.

(3) Die Versammlung fasst Beschlüsse
1. nach § 43 Abs. 1 Nr. 2 Buchst. a, Nrn. 7, 12, 13, 15, 20, 36, 41 bis 47, 50 mit der Mehrheit ihrer Mitglieder,
2. im Übrigen mit der Mehrheit der abgegebenen Stimmen.

(4) Der Direktor der Medienanstalt Sachsen-Anhalt nimmt an den Sitzungen der Versammlung teil.

(5) Die Rundfunkveranstalter oder deren Vertreter sowie die für den Inhalt des Rundfunkprogramms Verantwortlichen können nach näherer Entscheidung der Versammlung an deren Sitzungen teilnehmen, soweit die von ihnen veranstalteten Rundfunkprogramme betroffen sind. Auf Verlangen der Versammlung sind die Rundfunkveranstalter und die für den Inhalt des Rundfunkprogramms Verantwortlichen hierzu verpflichtet.

(6) Die zuständige oberste Landesbehörde ist berechtigt, zu den Sitzungen der Versammlung einen Vertreter zu entsenden, der jederzeit zu hören ist.

§ 45 Zusammensetzung und Amtszeit des Vorstands

Die Versammlung wählt aus ihrer Mitte für die Dauer von sechs Jahren einen Vorsitzenden, einen ersten Stellvertreter und einen zweiten Stellvertreter (Vorstand). Nach Ablauf der Amtszeit führt der Vorstand die Geschäfte bis zur Bildung eines neuen Vorstands weiter.

§ 46 Aufgaben des Vorstands

(1) Der Vorstand hat vorbehaltlich der Zuständigkeiten der ZAK, der GVK, der KEK und der KJM folgende Aufgaben:

1. Vorbereitung und Ausführung der Beschlüsse der Versammlung,
2. gemäß § 4 Abs. 1 in Verbindung mit
   a) § 17 Abs. 1 des Jugendmedienschutz-Staatsvertrages nach Maßgabe der Beschlussfassung der Versammlung die Einleitung von Prüfverfahren bei der Kommission für Jugendmedienschutz zu beantragen,
   b) § 17 Abs. 1 Satz 6, § 19 Abs. 4, § 20 Abs. 1 bis 6 des Jugendmedienschutz-Staatsvertrages Entscheidungen der Kommission für Jugendmedienschutz zu vollziehen,
   c) § 24 des Jugendmedienschutz-Staatsvertrages Zuständigkeiten der Medienanstalt Sachsen-Anhalt in Ordnungswidrigkeitsverfahren auszuüben, soweit nicht nach § 16 Satz 2 Nr. 8 des Jugendmedienschutz-Staatsvertrages die Kommission für Jugendmedienschutz zuständig ist.
3. die Einhaltung der Vorschriften des § 7 zu überwachen und die insoweit erforderlichen Maßnahmen nach § 55 Abs. 2 in Verbindung mit den §§ 59 bis 61 zu treffen,

4. die Durchführung von Verfahren über die Zulassung und deren Verlängerung, Ruhen, Widerruf und Rücknahme, soweit nicht nach § 43 Abs. 1 Nrn. 8 oder 48 die Versammlung zuständig ist,

5. den Vollzug von Beschlüssen der Organe ZAK, KEK, GVK und KJM gemäß § 12 Abs. 1 Satz 2 des Gesetzes in Verbindung mit § 35 Abs. 9 Satz 6 des Rundfunkstaatsvertrages und die Kostenerhebung gegenüber den Verfahrensbeteiligten gemäß § 12 Abs. 1 Satz 2 des Gesetzes in Verbindung mit § 35 Abs. 11 Satz 1 des Rundfunkstaatsvertrages,

6. die Vorlage von Anträgen sowie von vorhandenen Unterlagen nach Maßgabe von § 12 Abs. 1 Satz 2 des Gesetzes in Verbindung mit § 37 Abs. 1 des Rundfunkstaatsvertrages an die ZAK und an die KEK,

7. die Vorlage von Anträgen sowie von vorhandenen Unterlagen an die GVK nach Maßgabe von § 12 Abs. 1 Satz 2 des Gesetzes in Verbindung mit § 37 Abs. 1 und 2 des Rundfunkstaatsvertrages,

8. Anordnungen nach § 25 Abs. 4 zu treffen,

9. Namen und Adressen von Rundfunkveranstaltern sowie der für das Rundfunkprogramm Verantwortlichen nach § 27 Abs. 1 an Dritte mitzuteilen,

10. Beschwerden von Bürgern nach § 27 Abs. 3, im Falle des Satzes 2 nach Maßgabe der Beschlussfassung durch die Versammlung, zu bescheiden,

11. Informationen privater Rundfunkveranstalter nach Maßgabe von § 31 an die zuständige oberste Landesbehörde weiterzuleiten,

12. Stellungnahmen von den von der Medienanstalt Sachsen-Anhalt zugelassenen Rundfunkveranstaltern nach § 33 Abs. 2 Satz 2, Abs. 4 Satz 3 und Abs. 5 Satz 3 einzuholen,

13. zur Ausübung der Mitgliedschaft der Medienanstalt Sachsen-Anhalt in der GVK gemäß § 12 Abs. 1 Satz 2 des Gesetzes in Verbindung mit § 35 Abs. 4 Satz 1 des Rundfunkstaatsvertrages,

14. Anzeige der Rechtswidrigkeit eines bundesweit verbreiteten Programms gegenüber der zuständigen Landesmedienanstalt gemäß § 38 Abs. 1 des Rundfunkstaatsvertrages,

15. Einleitung eines rechtsaufsichtlichen Verfahrens nach § 38 Abs. 2 des Rundfunkstaatsvertrages,

16. Vollzug von Entscheidungen nach § 12 Abs. 1 Satz 2 des Gesetzes in Verbindung mit § 36 Abs. 5 des Rundfunkstaatsvertrages,

17. Fristen nach § 36 Abs. 2 Satz 4 und 5 zu setzen,

18. gemäß § 41 Abs. 2 nach Maßgabe der Beschlussfassung der Versammlung medienpädagogische Maßnahmen zu unterstützen und sonstige

Maßnahmen zur Förderung der Medienkompetenz, des Jugendmedienschutzes und des Medienstandorts Sachsen-Anhalt zu ergreifen,

19. soweit nicht die Versammlung zuständig ist, gemäß § 41 Abs. 3 die notwendigen Maßnahmen zur Vorbereitung und Durchführung der Umstellung auf die digitale Übertragungstechnik zu unterstützen,

20. gemäß § 50 Abs. 3 Satz 1 in Verbindung mit § 106 Abs. 2 Satz 2 der Landeshaushaltsordnung des Landes Sachsen-Anhalt den Haushaltsplan aufzustellen und diesen der Versammlung zuzuleiten,

21. gemäß § 50 Abs. 3 Satz 1 in Verbindung mit § 109 Abs. 1 der Landeshaushaltsordnung des Landes Sachsen-Anhalt die Jahresrechnung aufzustellen und diese nach ihrer Prüfung durch den Abschlussprüfer der Versammlung vorzulegen,

22. der zuständigen obersten Landesbehörde gemäß § 50 Abs. 2 Satz 4 den von der Versammlung beschlossenen Haushaltsplan und gemäß § 50 Abs. 4 Satz 1 die geprüfte Jahresrechnung vorzulegen,

23. gemäß § 50 Abs. 5 die zweijährige mittelfristige Finanzplanung aufzustellen und der Versammlung zuzuleiten,

24. Verwaltungskosten nach § 51 Abs. 4 sowie Abgaben nach § 52 zu erheben,

25. mit der Regulierungsbehörde für Telekommunikation, dem Bundeskartellamt und den Landeskartellbehörden nach Maßgabe von § 53 Abs. 2 in Verbindung mit § 39a des Rundfunkstaatsvertrages zusammenzuarbeiten,

26. er ist Dienstvorgesetzter der Beamten und nimmt die Befugnisse des Arbeitgebers gegenüber den Angestellten und den Arbeitern wahr,

27. zu den Sitzungen der Versammlung einzuladen, sie zu leiten und die Sitzungsprotokolle zu erstellen und zu versenden.

Im Übrigen ist der Vorstand zuständig, wenn die Aufgabe nicht der Versammlung oder nach Maßgabe des Rundfunkstaatsvertrages der ZAK, der GVK oder der KEK oder nach Maßgabe des Jugendmedienschutz-Staatsvertrages der KJM zugewiesen ist.

(2) Durch die Hauptsatzung kann der Vorstand ermächtigt werden, in dringenden Programmangelegenheiten, in denen eine Beschlussfassung der Versammlung nicht rechtzeitig herbeigeführt werden kann, vorläufige Entscheidungen zu treffen.

(3) Vorbehaltlich der Regelungen der Sätze 2 und 3 und des § 49 Abs. 2 Satz 4 vertreten der Vorsitzende und ein weiteres Mitglied des Vorstands die Medienanstalt Sachsen-Anhalt gerichtlich und außergerichtlich gemein-

sam. In der GVK ist der Vorsitzende des Vorstands Vertreter der Medienanstalt Sachsen-Anhalt. Weitere Ausnahmen von der gemeinsamen Vertretung können in der Hauptsatzung der Medienanstalt Sachsen-Anhalt
geregelt werden.

§ 47 Arbeitsweise des Vorstands

(1) Der Vorstand tritt auf Einladung seines Vorsitzenden zusammen. Auf
Verlangen jeden Mitglieds des Vorstands ist eine außerordentliche Sitzung
des Vorstands einzuberufen.

(2) Der Vorstand tagt in nicht öffentlicher Sitzung. Der Direktor der Medienanstalt Sachsen-Anhalt nimmt an den Sitzungen teil.

§ 48 Rechtsstellung der Mitglieder der Versammlung und
des Vorstands

(1) Die Mitglieder der Versammlung und die Mitglieder des Vorstands sind
ehrenamtlich tätig. Sie haben bei der Wahrnehmung ihrer Aufgaben die
Interessen der Allgemeinheit zu vertreten. Sie sind an Aufträge und Weisungen nicht gebunden.

(2) Die Mitglieder der Versammlung und des Vorstands haben Anspruch
auf eine angemessene Aufwandsentschädigung nach Maßgabe einer von
der Medienanstalt Sachsen-Anhalt zu erlassenden Entschädigungssatzung
sowie auf Fahrkostenerstattung nach dem Bundesreisekostengesetz. Die
Entschädigungssatzung bedarf der Genehmigung durch die zuständige
oberste Landesbehörde.

Siebter Abschnitt: Landesmedienanstalt

§ 44 Rechtsform und Organe

(…)

(3) Organe der Landesanstalt sind
1. die Versammlung und
2. der Direktor.

(…)

§ 45 Zusammensetzung und Amtszeit der Versammlung

(1) Die Versammlung vertritt innerhalb ihres Zuständigkeitsbereiches die Interessen der Allgemeinheit. Zur Anstaltsversammlung entsenden je einen Vertreter:
1. die evangelischen Kirchen,
2. die katholische Kirche,
3. die jüdischen Gemeinden,
4. die Familienverbände,
5. die Arbeitgeberverbände,
6. die Handwerkerverbände,
7. die Bauernverbände,
8. die Verbände der Opfer des Stalinismus,
9. die Verbände der Kriegsopfer, Wehrdienstgeschädigten und Sozialrentner,
10. der Bund der Vertriebenen – Landesverband Thüringen,
11. die Behindertenverbände,
12. die Frauenverbände,
13. die Jugendverbände,
14. die Kulturverbände,
15. die Hochschulen,
16. der Landessportbund,
17. die Verbände der freien Berufe,

18. die Verbraucherschutzverbände,
19. die Naturschutzverbände.
20. Die Arbeitnehmerverbände entsenden zwei Vertreter, die verschiedenen Arbeitnehmerorganisationen angehören.
21. Die Landesregierung entsendet einen Vertreter.
22. Der Versammlung gehören ferner drei Abgeordnete des Landtags aus verschiedenen Fraktionen an.

(2) In die Versammlung darf nicht entsandt werden, wer
1. wegen seiner belastenden Vergangenheit nicht in den öffentlichen Dienst des Landes aufgenommen werden könnte (Artikel 96 Abs. 2 der Verfassung des Freistaats Thüringen),
2. Mitglied eines Organs, Bediensteter oder ständiger freier Mitarbeiter einer öffentlich-rechtlichen Rundfunkanstalt ist,
3. Anbieter eines privaten Rundfunkprogramms oder Betreiber einer Kabelanlage ist, zu ihnen in einem Arbeits- oder Dienstverhältnis steht, von ihnen in sonstiger Weise abhängig oder an ihnen wesentlich beteiligt ist oder
4. seinen Lebensmittelpunkt nicht in Thüringen hat.

(3) Für die in Absatz 1 Nr. 1 bis 20 genannten Organisationen und Gruppen entsenden die jeweiligen Landesverbände oder -vereinigungen die Vertreter. Kommt es in einer nach Absatz 1 Nr. 1 bis 20 entsendungsberechtigten Organisation oder Gruppe zu keiner Einigung über die zu entsendende Person oder im Falle der Nummer 20 über die zu entsendenden zwei Personen, können der Landesmedienanstalt mehrere Personen benannt werden. Kommt es auch nach einer nochmaligen Aufforderung mit Fristsetzung zu keiner Einigung, wählt die Versammlung mit der Mehrheit der stimmberechtigten Mitglieder aus den fristgerecht Benannten den oder die Vertreter.

(4) Bei der Benennung der Mitglieder der Versammlung ist auf eine angemessene Berücksichtigung von Frauen hinzuwirken. Die Mitglieder der Versammlung wählen, wenn sich unter ihnen nicht schon fünf Frauen befinden, im Benehmen mit den Frauenorganisationen mit einfacher Mehrheit so viele weibliche Mitglieder hinzu, dass der Versammlung insgesamt fünf Frauen angehören. Diese sollen vornehmlich die berufstätigen und die in der Erziehung wirkenden Frauen vertreten.

(5) Der Vorsitzende der Versammlung stellt die ordnungsgemäße Entsendung der Mitglieder der Versammlung fest.

(6) Die Mitglieder der Versammlung werden für die Dauer von vier Jahren entsandt. Die Amtszeit beginnt mit der ersten Sitzung der Versammlung. Drei Monate vor Ablauf der Amtszeit fordert die Landesmedienanstalt die nach Absatz 1 Nr. 1 bis 20 entsendungsberechtigten Organisationen oder Gruppen auf, einen Vertreter für die neue Amtszeit zu entsenden und der Landesmedienanstalt nach Maßgabe des Absatzes 3 zu benennen. Sie hat dies im Thüringer Staatsanzeiger und in sonstiger Weise landesweit bekannt zu machen. Zur Entsendung der Vertreter des Landtags wendet sich die Landesmedienanstalt an den Präsidenten des Landtags und an die oberste Landesbehörde zur Entsendung eines Vertreters der Landesregierung.

(7) Die Mitglieder der Versammlung sind an Aufträge und Weisungen nicht gebunden. Sie sind ehrenamtlich tätig und haben Anspruch auf Aufwandsentschädigung und auf Erstattung der Auslagen, die ihnen durch ihre Tätigkeit entstehen. Mitglieder der Versammlung und ehemalige Mitglieder haben über die ihnen im Rahmen ihrer Tätigkeit für die Landesmedienanstalt bekannt gewordenen Angelegenheiten und Tatsachen Stillschweigen zu bewahren, soweit diese nicht offenkundig keiner Geheimhaltung bedürfen.

(8) Wenn ein Mitglied der Versammlung dem ihn entsendenden Landesverband, der Landesvereinigung oder dem Landtag nicht mehr angehört, scheidet es aus der Versammlung aus und es ist nach den für die Berufung des ausgeschiedenen Mitglieds geltenden Regelungen ein Nachfolger für den Rest der Amtszeit zu entsenden. Gleiches gilt für den Fall, dass die ein Entsendungsverbot rechtfertigenden Voraussetzungen nachträglich bekannt werden oder eintreten.

§ 46 Beschlüsse, Versammlungsvorstand

(1) Die Versammlung fasst ihre Beschlüsse mit einfacher Mehrheit. Sie ist beschlussfähig, wenn mindestens die Hälfte ihrer Mitglieder anwesend ist. Die Zahl der anwesenden Mitglieder ist für die Beschlussfähigkeit ohne Bedeutung, wenn die Versammlung wegen Beschlussunfähigkeit zum zweiten Mal zur Behandlung desselben Gegenstandes eingeladen ist; bei der zweiten Einladung ist hierauf hinzuweisen.

(2) Solange und soweit Mitglieder in die Versammlung nicht entsandt werden, verringert sich deren Mitgliederzahl entsprechend.

(3) Die Versammlung wählt für die Dauer ihrer Amtszeit aus ihrer Mitte einen Vorsitzenden und dessen zwei Stellvertreter (Versammlungsvorstand). Die Versammlung kann den Versammlungsvorstand um maximal zwei Beisitzer aus dem Kreis der Ausschussvorsitzenden erweitern. Der Versammlungsvorstand beschließt mit einfacher Mehrheit seiner Mitglieder.

§ 47 Zuständigkeit der Versammlung und des Versammlungsvorstands

(1) Die Versammlung ist zuständig,

1. über die Zulassung, deren Widerruf oder Rücknahme zu entscheiden,
2. den Direktor der Landesmedienanstalt zu wählen, abzuberufen und seine Vergütung festzulegen,
3. die Satzung über die innere Ordnung der Landesmedienanstalt zu erlassen; die Satzung bedarf zu ihrer Gültigkeit einer Mehrheit von zwei Dritteln der Stimmen,
4. Gebühren für Amtshandlungen und die Erstattung von Auslagen durch Satzung zu regeln,
5. den jährlichen Haushaltsplan, den Jahresabschluss und den Geschäftsbericht zu verabschieden, den Finanzplan aufzustellen und dem Direktor Entlastung zu erteilen,
6. den Datenschutzbeauftragten der Landesmedienanstalt zu bestimmen,
7. für die Vergabe von Gutachten zur Medienforschung,
8. für die Feststellung, dass eine Zulassung wegen wiederholter Rechtsverstöße nicht verlängert wird (§ 10 Abs. 1 Satz 6),
9. das Nähere der wissenschaftlichen Begleitung und Beratung der Pilotprojekte und insbesondere deren Auswertung für den jährlichen Erfahrungsbericht durch Satzung zu regeln (§ 11 Abs. 4),
10. für die Überwachung der Programmgrundsätze nach § 13,
11. festzustellen, ob die Anforderungen an die Meinungsvielfalt durch die Gesamtheit der in einem Verbreitungsgebiet verbreiteten Rundfunkprogramme erfüllt sind (§§ 15 und 16),
12. über die Vertretung wesentlicher Meinungen im Programmbeirat zu entscheiden (§ 16 Abs. 2),
13. das Nähere zum Ereignis- und Einrichtungsrundfunk (§ 34) durch Satzung zu regeln,
14. das Wesentliche über Zuordnung und Entziehung, Rechte und Pflichten der Trägerschaft Offener Kanäle nach § 35 Abs. 4, die Entscheidung

über den Sendeplatz nach § 36 Abs. 5 Satz 4, die Grundzüge eines Beschwerdeverfahrens gegen Entscheidungen des Trägers nach § 36 Abs. 6 Satz 4 festzulegen und die Richtlinien zu Offenen Kanälen sowie die allgemeinen Nutzungs- und Zugangsbestimmungen der Trägervereine nach § 36 Abs. 6 zu genehmigen,

15. die Grundsätze des Schiedsverfahrens nach § 38 Abs. 2 und den Kabelbelegungsplan nach § 38 Abs. 7 Satz 1 durch Satzung zu regeln,

16. die Weiterverbreitung von Rundfunkprogrammen zu untersagen (§ 42),

17. für die Festlegung des Sitzes der Landesmedienanstalt nach Maßgabe des § 44 Abs. 1 sowie

18. die Aufwandsentschädigung ihrer Mitglieder zu regeln (§ 45 Abs. 7 Satz 2); als Aufwandsentschädigung kann ein Betrag bis zur Höhe der Aufwandsentschädigung der Mitglieder des Rundfunkrats des Mitteldeutschen Rundfunks festgesetzt werden.

(2) Der Versammlungsvorstand überwacht die Geschäftsführung des Direktors und berichtet darüber der Versammlung. Der Zustimmung des Versammlungsvorstands bedürfen insbesondere folgende Geschäfte des Direktors:

1. Entscheidungen über Aufsichtsmaßnahmen und die Behandlung von Beschwerden,

2. die Einstellung, Höhergruppierung und Entlassung der Bediensteten der Landesmedienanstalt in Vergütungsgruppen, die der Laufbahngruppe des höheren Dienstes entsprechen sowie die Bestellung des Vertreters gemäß § 49 Abs. 3 und

3. Verträge mit einem Gesamtaufwand von mehr als 50.000 Euro.

Der Versammlungsvorstand kann zu den Vorlagen des Direktors an die Vsammlung gesondert Stellung nehmen.

(3) Der Zustimmung der Versammlung bedürfen folgende Geschäfte des Direktors:

1. der Erwerb, die Veräußerung oder Belastung von Grundstücken,

2. Verträge mit einem Gesamtaufwand von mehr als 100.000 Euro und

3. über- und außerplanmäßige Ausgaben.

§ 48 Ausschüsse

(1) Zur Vorbereitung ihrer Entscheidung setzt die Versammlung einen Programm- und Jugendschutzausschuss, einen Haushaltsausschuss, einen Rechtsausschuss, einen Schiedsausschuss für Fragen der Kabelbelegung

und einen Ausschuss für die Fragen der Offenen Kanäle ein. Sie kann weitere Ausschüsse bilden. Die Versammlung wählt für die Dauer ihrer Amtszeit die Mitglieder der Ausschüsse und den jeweiligen Vorsitzenden mit der Mehrheit der Versammlungsmitglieder.

(2) Die Versammlung kann den Haushaltsausschuss ermächtigen, zwischen ihren Sitzungen die der Versammlung nach § 47 Abs. 3 obliegenden Entscheidungen zu treffen.

(3) Das Nähere regelt die Versammlung durch Satzung, hierbei sind insbesondere die Programmbeobachtung und Aspekte des Jugendschutzes zu berücksichtigen.

Der Autor

Patrick Donges, Dr. phil. habil., geb. 1969, ist Professor für Kommunikationswissenschaft an der Ernst-Moritz-Arndt-Universität Greifswald.

Zuvor arbeitete er von 1998 bis 2009 als Assistent, Oberassistent und Assistenzprofessor am IPMZ-Institut für Publizistikwissenschaft und Medienforschung der Universität Zürich und lehrte an den Universitäten Salzburg sowie als Gast- und Vertretungsprofessor in Wien und an der FU Berlin.

Forschungsschwerpunkte sind Politische Kommunikation, Organisationskommunikation, Medienstrukturen und Medienpolitik sowie Theorien der Kommunikationswissenschaft

SCHRIFTENREIHE DER LANDESMEDIENANSTALTEN

Die pluralen Gremien der Landesmedienanstalten und der ALM in der Governance-Perspektive

Gutachten im Auftrag der Gremienvorsitzendenkonferenz der Landesmedienanstalten (GVK)
von Patrick Donges
ALM-Band 46, 140 S., 3 Abb./Tab., DIN A5, 2011
ISBN 978-3-89158-541-2 € 15,– (D)

Auf dem Weg zu einer medienübergreifenden Vielfaltssicherung

Konzentrationsbericht der KEK nach § 26 Abs. 6 RStV
ALM-Band 45, 456 S., 191 Abb./Tab., DIN A4, 2010
ISBN 978-3-89158-536-8 € 80,– (D)

www.fern-sehen.com
Die Aufgaben des Rundfunks im Wandel der Öffentlichkeit

Dokumentation des DLM-Symposiums vom März 2010 in Berlin
herausgegeben von Sissi Pitzer und Ingrid Scheithauer
ALM-Band 44, 180 S., 23 Abb./Tab., A5, 2010
ISBN 978-3-89158-531-3 € 16,– (D)

Die Bedeutung des Internets im Rahmen der Vielfaltssicherung

Gutachten im Auftrag der Kommission zur Ermittlung der Konzentration
im Medienbereich (KEK)
von Christoph Neuberger und Frank Lobigs
ALM-Band 43, 270 S., 134 Abb./Tab., A4, 2010
ISBN 978-3-89158-529-0 € 45,– (D)

Wettbewerb beim Netzbetrieb
Voraussetzung für eine lebendige Rundfunkentwicklung

Gutachten des Instituts für Europäisches Medienrecht (EMR), Saarbrücken
im Auftrag der Technischen Konferenz der Landesmedienanstalten (TKLM) sowie
des Beauftragten für Europaangelegenheiten der ALM
von Alexander Roßnagel, Thomas Kleist und Alexander Scheuer
ALM-Band 42, 260 S., 3 Abb., A5, 2010,
ISBN 978-3-89158-514-6 € 23,– (D)

Lost in Transition
Überlebensstrategien für das private Fernsehen

Dokumentation des DLM-Symposiums vom März 2009 in Berlin
herausgegeben von Sissi Pitzer und Ingrid Scheithauer
ALM-Band 41, 208 S., 59 Abb./Tab., A5, 2009,
ISBN 978-3-89158-504-7 € 22,– (D)

Elektronische Programmführung im digitalen Fernsehen
Nutzerstudie und Marktanalyse

von Uwe Hasebrink, Hermann-Dieter Schröder und Birgit Stark
ALM-Band 40, 168 S., 51 Abb./Tab., A5, 2008,
ISBN 978-3-89158-492-7 € 25,– (D)

Finanzinvestoren im Medienbereich

von Wolfgang Schulz, Christoph Kaserer und Josef Trappel
ALM-Band 39, 420 S., 53 Abb./Tab., A5, 2008,
ISBN 978-3-89158-489-7 € 32,– (D)

Rendite ohne gesellschaftliche Dividende?
Die Ökonomisierung des Rundfunks und ihre Folgen

Dokumentation des DLM-Symposiums vom März 2008 in Berlin
herausgegeben von Sissi Pitzer und Ingrid Scheithauer
ALM-Band 38, 184 S., 43 Abb./Tab., A5, 2008,
ISBN 978-3-89158-490-3 € 25,– (D)

Dynamische Technik – Medien in der beschleunigten Konvergenz
Dokumentation des DLM-Symposiums vom Dezember 2006 in Berlin
DLM-Band 37, 134 S., A5, 2007, ISBN 978-3-89158-466-8 € 15,– (D)

Crossmediale Verflechtungen als Herausforderung
für die Konzentrationskontrolle
Konzentrationsbericht der KEK nach § 26 Abs. 6 RStV
DLM-Band 36, 472 S., 178 Abb./Tab., A4, 2007,
ISBN 978-3-89158-452-1 € 80,– (D)

Medienrelevante verwandte Märkte
in der rundfunkrechtlichen Konzentrationskontrolle
Auswahl, Messung und Bewertung

Dokumentation des Symposiums der Kommission zur Ermittlung
der Konzentration im Medienbereich (KEK) vom Oktober 2005 in Potsdam
DLM-Band 35, 408 S., A5, 2006, ISBN 978-3-89158-438-5 € 24,– (D)

Im Regulierungsviereck von WTO, EU, Bund und Ländern
Rundfunk im Spannungsfeld zwischen Kultur und Wirtschaft

Dokumentation des DLM-Symposiums vom Dezember 2005 in Berlin
herausgegeben von Sissi Pitzer und Ingrid Scheithauer
DLM-Band 34, 184 S., 20 Abb., A5, 2006, ISBN 978-3-89158-437-8 € 18,– (D)

Beschäftigte und wirtschaftliche Lage des Rundfunks in Deutschland 2004

Studie des Hans-Bredow-Instituts für Medienforschung Hamburg, in Kooperation mit der Arbeitsgruppe Kommunikationsforschung München (AKM)
DLM-Band 33, 256 S., 128 Abb., A5, 2006, ISBN 978-3-89158-428-6   € 20,– (D)

Weiterhin noch lieferbar sind die Studien 2001/2002 (Bd.30), 1990/2000 (Bd.24), 97/98 (Bd.15), 96/97 (Bd.9) und 95/96 (Bd.6).

Zwanzig Jahre nach dem Urknall
Zur Zukunft des Privaten Rundfunks

Dokumentation des DLM-Symposiums vom Juni 2004 in Mainz
herausgegeben von Sissi Pitzer und Ingrid Scheithauer
DLM-Band 32, 140 S., A5, 2004, ISBN 978-3-89158-399-9   € 15,– (D)

Fernsehen in Deutschland 2003–2004
Programmstruktur · Programminhalte · Programmentwicklung

Forschungsprojekt von Joachim Trebbe
DLM-Band 31, 244 S., 66 Abb., A5, 2005, ISBN 978-3-89158-398-2   € 15,– (D)

Der Zugang zur digitalen Satellitenverbreitung
Digitalisierung und Fernsehen ohne Grenzen

Gutachten des Instituts für Europäisches Medienrecht (EMR), Saarbrücken
im Auftrag der Gemeinsamen Stelle Digitaler Zugang (GSDZ)
von Alexander Roßnagel, Werner Sosalla und Thomas Kleist
DLM-Band 28, 350 S., 6 Abb., A5, 2004, ISBN 978-3-89158-376-0   € 30,– (D)

Film- und Fernsehwirtschaft in Deutschland 2000/2001
Beschäftigte, wirtschaftliche Lage und Struktur der Produktionsunternehmen

Studie des Deutschen Instituts für Wirtschaftsforschung (DIW Berlin)
in Kooperation mit der FilmWirtschaftsForschung Gerhard Neckermann, Grafrath
DLM-Band 26, 176 S., 78 Abb., A5, 2002, ISBN 978-3-89158-356-2   € 18,– (D)

Jugendschutzbericht 2000/2001 der Landesmedienanstalten
Bestandsaufnahme und Perspektiven

DLM-Band 25, 212 S., 19 Abb., A5, 2002, ISBN 978-3-89158-346-3   € 15,– (D)

Die Regulierung von Inhaltediensten in Zeiten der Konvergenz
Rundfunkrechtliche Überlegungen zu einer dienstespezifisch diversifizierten Ausgestaltung der Sicherung von Vielfalt, Zugangschancengerechtigkeit und Publizistik
von Wolfgang Schulz und Uwe Jürgens
DLM-Band 23, 192 S., A5, 2002, ISBN 978-3-89158-345-6   € 18,– (D)

Der Zugang zum digitalen Kabel

Rechtsgutachten (1 und 2) im Auftrag der Gemeinsamen Stelle Digitaler Zugang
der Landesmedienanstalten
1 von Dieter Dörr, Viktor Janik, Nicole Zorn. 2 von Hubertus Gersdorf
DLM-Band 22, 396 S., A5, 2002, ISBN 978-3-89158-333-3 € 29,– (D)

Jugendmedienschutz – Praxis und Akzeptanz

Eine Untersuchung von Bevölkerung und Abonnenten
des digitalen Fernsehens zum Jugendmedienschutz, zur Fernseherziehung und
zum Jugendschutzinstrument Vorsperre
von Bernd Schorb und Helga Theunert
DLM-Band 20, 206 S., 29 Abb., A5, 2001, ISBN 978-3-89158-316-6 € 18,– (D)

Meinungsvielfalt im kommerziellen Fernsehen

Medienspezifische Konzentrationskontrolle in Deutschland, Großbritannien,
Frankreich, Italien, den USA und auf der Ebene von Europarat und
Europäischer Gemeinschaft
Eine Studie von Bernd Holznagel und Andreas Grünwald
DLM-Band 19, 178 S., 7 Abb., A5, 2001, ISBN 978-3-89158-303-6 € 18,– (D)

Fernsehen in Deutschland 1998–1999

Programmstrukturen · Programminhalte · Programmentwicklungen
Forschungsbericht von Hans-Jürgen Weiß und Joachim Trebbe
DLM-Band 18, 360 S., 175 Abb., A5, 2000, ISBN 978-3-89158-295-4 € 24,– (D)

Konzepte der Zugangsregulierung für digitales Fernsehen

Was können telekommunikationsrechtliche Erfahrungen zur satzungsmässigen
Konkretisierung und zur Weiterentwicklung der §§ 52, 53 RStV beitragen?
Ein Kurzgutachten von Wolfgang Schulz und Doris Kühlers
DLM-Band 16, 128 S., A5, 2000, ISBN 978-3-89158-280-0 € 18,– (D)

Weitere Details zu allen Bänden in der
Schriftenreihe der Landesmedienanstalten
finden Sie gerne im Internet

VISTAS Verlag GmbH
Goltzstraße 11
10781 Berlin
E-Mail: medienverlag@vistas.de

Telefon: 030 / 32 70 74 46
Telefax: 030 / 32 70 74 55
Internet: www.vistas.de

Der Medienverlag